働き方改革関連法への
実務対応と規程例

荻原 勝 著
Masaru Ogihara

経営書院

はじめに

　2018年（平成30年）6月29日、働き方改革を推進するための「働き方改革関連法」が成立し、2019年（平成31年）4月から順次施行されることになりました。

　この法律は、労働基準法、労働安全衛生法など、計8本から成る法律の改正を一つにまとめた総称です。この法律には、時間外労働の上限規制、フレックスタイム制の清算期間の延長、一定日数の年次有給休暇の時季指定付与、高度専門職制度（高度プロフェッショナル制度）の創設などが盛り込まれています。

　本書は、これらのうち、
- ・時間外労働の上限規制
- ・中小企業の時間外労働の割増賃金の見直し
- ・フレックスタイム制の清算期間の延長
- ・年次有給休暇の時季指定付与
- ・高度専門職制度の創設
- ・勤務間インターバル制度

の6項目について、実務的に解説したものです。

　いずれの制度についても、はじめに、改正または創設の内容を紹介したうえで、
- ・改正・創設に対して、どのような対応が考えられるか
- ・改正・創設にどのように対応したらよいか

を、人事・労務管理の実務に即して、具体的に解説しました。

　実務性を高めるために、制度の運用において使用される「様式」（命令書、報告書、人事考課表などの書式）を多数紹介するとともに、
- ・労使協定
- ・労使委員会の決議（高度専門職制度の場合）
- ・社内規程（時間外労働規程、3ヶ月フレックスタイム規程、高度専門職規程、勤務間インターバル規程、その他）

の例を掲載しました。

　本書で取り上げた制度については、その詳細な取り扱いが「厚生労働省令」に委ねられているものが少なくありません。その厚生労働省令は、本書の執筆時点（2018年8月1日）においては、まだ決定していません。

　しかし、企業としては、早い段階から、働き方改革関連法への対応を検討しておくことが望ましいといえます。その準備作業において、本書が役に立つことができれば幸いです。

　最後に、本書の出版に当たっては、経営書院の皆さんに大変お世話になりました。ここに記して、厚く御礼申し上げます。

2018年8月

荻原　勝

○働き方改革関連法の主な内容

項目	内容	施行日
時間外労働の上限規制	時間外労働について、次のような上限が設けられた。 ①1ヶ月における時間外労働および休日労働の時間は100時間未満 ②2〜6ヶ月のいずれの期間においても、時間外労働および休日労働の1ヶ月当たりの平均時間は80時間以内 ③1年における時間外労働の時間は720時間以内 ④時間外労働が45時間を超える月数は、1年について6ヶ月以内	大企業は2019年4月。中小企業は、2020年4月
中小企業の時間外労働の割増率の引き上げ	月60時間超の時間外労働の割増率を現在の25%から大企業と同じ50%に引き上げる。	2023年4月
フレックスタイム制の清算期間の延長	労働時間の清算期間を最長1ヶ月から3ヶ月に延長する。	2019年4月
年次有給休暇の時季指定	使用者は、10日以上の年次有給休暇が付与される労働者に対し、5日について、毎年時季を指定して与えなければならない。	2019年4月
高度専門職制度（高度プロフェッショナル制度）の創設	年収1,075万円以上の一部専門職を労働時間規制の対象から外す。	2019年4月

勤務間インターバル制度の促進	終業時刻から翌日の始業時刻までの間に一定の休息時間を設けることを企業の努力義務とする。	2019年4月
産業医・産業保健機能の強化	事業者は、産業医に対し、産業保健機能を適切に行うために必要な情報を提供しなければならないなど、新たに8項目を定める。	2019年4月
労働時間の把握	事業者は、厚生労働省令の定めるところにより、労働者の労働時間の状況を把握しなければならない。	2019年4月
同一労働同一賃金の促進	正社員と非正社員の不合理な待遇格差を是正するため、関係法を整備する。	大企業は2020年4月。中小企業は、2021年4月

本書は、2018年8月1日現在の情報をもとにして執筆したものです。

目次

第1章　時間外労働の上限規制 ……………………………… 1
1　これまでの時間外労働の取り扱い ………………………… 1
2　時間外労働の上限規制の導入 ……………………………… 4
3　上限規制への対応の実務 …………………………………… 13
4　時間外労働取扱規程 ………………………………………… 35
5　時間外労働の労使協定と協定例 …………………………… 41
6　役職者の認識の把握とアンケート調査 …………………… 50
7　時間外労働削減への取り組み ……………………………… 55

第2章　中小企業の割増賃金率の適用猶予の廃止 ……… 59

第3章　3ヶ月フレックスタイム制 ……………………… 61
1　改正の内容 …………………………………………………… 61
2　3ヶ月フレックスタイム制の制度設計 …………………… 63
3　3ヶ月フレックスタイム制規程 …………………………… 73
4　3ヶ月フレックスタイム制の労使協定 …………………… 83
5　3ヶ月フレックスタイム制のメリットと問題点 ………… 85

第4章　年次有給休暇の時季指定 ………………………… 87
1　時季指定による付与の義務化 ……………………………… 87
2　就業規則の変更 ……………………………………………… 89
3　年休の時季指定（計画的付与）制度の設計と運用 ……… 92
4　年休の時季指定（計画的付与）規程 ………………………100
5　年休の時季指定（計画的付与）に関する労使協定 ………102

第5章　高度専門職（高度プロフェッショナル）制度 ……………………………………………………107

1　働き方改革関連法の定め……………………………107
2　労使委員会の決議と決議例…………………………111
3　高度専門職制度の設計………………………………122
4　高度専門職規程の作成と規程例……………………133
5　高度専門職の給与……………………………………139
6　高度専門職給与規程…………………………………150
7　高度専門職の成果管理………………………………155
8　高度専門職制度のメリットと問題点………………162

第6章　勤務間インターバル制度……………………165

1　労働時間等の設定の改善に関する特別措置法の改正……165
2　勤務間インターバル制度の設計……………………167
3　社員への通知…………………………………………170
4　勤務間インターバル規程……………………………173

第1章
時間外労働の上限規制

1 これまでの時間外労働の取り扱い

(1) 会社経営と時間外労働

　労働基準法は、労働時間を「1週40時間・1日8時間」と定めている。この法定労働時間を超える労働を「時間外労働」(残業)という。

　会社経営の立場からすると、仕事の量が安定していることが理想である。しかし、現実には、「波」がある。忙しいときもあれば、それほど忙しくないときもある。

　仕事の量に応じて、社員の数を自由に調整することができれば、会社経営にとっては、好都合である。しかし、そうはいかない。社員の募集・採用には、求人広告の掲載からはじまり、採用の内定に至るまで、相当の期間を要する。

　一方、社員の解雇は、容易ではない。労働基準法上は、「30日前に予告するか、平均賃金の30日分の予告手当を支払えば解雇できる」と規定されているが、解雇には「合理性」が強く求められている。合理性に欠ける解雇は、「解雇権の濫用」と認定され、無効となる。

　このような事情から、多くの会社は、社員の数は必要最小限に留め、仕事の量が増えると社員に時間外労働を命令するという経営方法

を採用している。このため、多くの会社で、日常的・恒常的に時間外労働が行われている。

(2) 時間外労働の上限時間

労働基準法は、「時間外労働をさせるときは、労働組合（労働組合がないときは、社員の過半数を代表する者）との間で、時間外労働協定を結び、これを労働基準監督署に届け出なければならない」と定めている。

しかし、労使協定を結べば、何時間でも時間外労働をさせることができるとしたら、時間外労働が長時間に及ぶ可能性がある。

社員の健康と福祉を確保するためには、時間外労働について、一定の限度を設けることが必要である。そのような観点から、労働基準法は、時間外労働について、限度時間を設けている。限度時間は、図表に示すとおりである。

この限度時間は、働き方改革関連法が成立した現在においても、有効である。

図表1　時間外労働の限度時間

期間	限度時間
1週間	15時間（14時間）
2週間	27時間（25時間）
4週間	43時間（40時間）
1ヶ月	45時間（42時間）
2ヶ月	81時間（75時間）
3ヶ月	120時間（110時間）
1年間	360時間（320時間）

（注）（　）内の数値は、1年単位の変形労働時間制の労働者の場合

(3) 限度時間を超える時間外労働

　仕事の量が社員の数に比較してきわめて多い場合には、限度時間では対応できないことがある。

　例えば、受注生産の場合、臨時的に大口の受注があったときは、限度時間の「1ヶ月45時間」では、対応できない。

　また、納期が比較的短い注文が次々と入ると、限度時間の「1ヶ月45時間、1年360時間」では、注文を処理できない。

　このように、限度時間で対応することができない特別の事情が生じることがあらかじめ予想されるときは、「特別の事情があるときは、限度時間を超えて、年○○時間まで時間外労働をさせることができる」という内容の労使協定を結んでおけば、その時間まで時間外労働をさせることが認められていた。

　この協定を一般に「特別条項付き協定」という。

　限度時間を超える時間外労働については、上限時間は設けられていなかった。

図表2　限度時間を超える時間外労働

① 特別条項付きの労使協定を結べば、限度時間を超えて時間外労働をさせることができる
② 限度時間を超える時間外労働の時間に上限はない

2　時間外労働の上限規制の導入

(1) 上限規制の内容と罰則

① 上限規制の内容

時間外労働について上限時間が設けられていないと、仕事が忙しい職場や人手が不足している会社では、長時間労働を招く可能性がある。

長時間の時間外労働は、社員の健康に好ましくない影響を与える。また、「寝るためにだけ、家へ帰る」というのでは、充実した生活はできない。家族との団欒もできない。

そこで、今回、働き方改革関連法により労働基準法の改正が行われ、時間外労働について、上限規制が導入されることになった。その内容は、図表に示すとおりである。

図表3　時間外労働の上限規制

①	1ヶ月において時間外労働ができる時間は、100時間未満（休日労働を含む）
②	1年を通じ、どの時期も、2ヶ月、3ヶ月、4ヶ月、5ヶ月、6ヶ月のいずれにおいても、時間外労働は1ヶ月平均80時間以内であること（休日労働を含む）
③	1年において時間外労働ができる時間は、720時間（休日労働は含まない）
④	時間外労働が45時間を超えることができる月数は、1年について6ヶ月以内（年6回まで）（休日労働は含まない）

② 罰則

上限規制のうち、次のものに違反すると、懲役6ヶ月以下または30万円以下の罰金に処せられる。

図表4　罰則の対象

①	1ヶ月において時間外労働ができる時間は、100時間未満（休日労働を含む）
②	1年を通じ、どの時期も、2ヶ月、3ヶ月、4ヶ月、5ヶ月、6ヶ月のいずれにおいても、時間外労働は1ヶ月平均80時間以内であること（休日労働を含む）

③　施行日

時間外労働の上限規制は、2019年4月1日から施行される。ただし、中小企業については、2020年4月1日から施行される。

(2)「1ヶ月100時間未満」という規制

1ヶ月の時間外労働の上限は、休日労働とあわせて「100時間未満」である。

「休日労働」とは、週に1回の法定休日の労働をいう。土曜と日曜を休日とする週休二日制の会社の場合は、日曜の労働が休日労働に当たり、土曜の労働は時間外労働となる。

この上限規制に違反すると、罰則を受ける。

図表5　1ヶ月100時間未満を超えない例

日	曜	時間外労働	休日労働	日	曜	時間外労働	休日労働
1	日			22	日		
2	月			23	月	4	
3	火			24	火	4	
4	水			25	水	4	
5	木			26	木	4	
6	金			27	金	4	
7	土			28	土	4	
小計		0	0	小計		24	0
8	日			29	日		8
9	月	3		30	月	4	
10	火	3		31	火	4	
11	水	3		小計		8	8
12	木	3		合計		67	16
13	金	3					
14	土						
小計		15	0				
15	日		8				
16	月	4					
17	火	4					
18	水	4					
19	木	4					
20	金	4					
21	土						
小計		20	8				

（注）① 土日を休日とする週休二日制の会社。② 土曜出勤は時間外労働、日曜出勤は休日労働とした。③ 時間外労働67時間、休日労働16時間、合計82時間のため、「100時間未満」の範囲にある。

図表6　1ヶ月100時間未満を超える例

日	曜	時間外労働	休日労働	日	曜	時間外労働	休日労働
1	日		8	22	日		
2	月			23	月	4	
3	火			24	火	4	
4	水	3		25	水	4	
5	木	3		26	木	4	
6	金	3		27	金	4	
7	土			28	土	6	
小計		9	8	小計		26	0
8	日			29	日		8
9	月	3		30	月	4	
10	火	3		31	火	4	
11	水	3		小計		8	8
12	木	3		合計		78	24
13	金	3					
14	土						
小計		15	0				
15	日		8				
16	月	4					
17	火	4					
18	水	4					
19	木	4					
20	金	4					
21	土						
小計		20	8				

（注）① 土日を休日とする週休二日制の会社。② 土曜出勤は時間外労働、日曜出勤は休日労働とした。③ 時間外労働78時間、休日労働24時間、合計102時間のため、「100時間未満」を超える。

(3)「2ヶ月～6ヶ月の1ヶ月平均時間外労働80時間以下」という規制

長時間に及ぶ時間外労働が数ヶ月にわたって継続的に行われると、心身の健康に好ましくない影響を与える。また、疲労が蓄積して注意力・集中力が散漫となり、労働災害を引き起こす可能性が大きくなる。

このため、労働基準法は、「1年を通じ、どの時期も、2ヶ月、3ヶ月、4ヶ月、5ヶ月、6ヶ月のいずれにおいても、時間外労働と休日労働を合わせた時間の1ヶ月平均は80時間以内でなければならない」という規制を設けている。

図表7 「1ヶ月平均80時間以下」の判定事例

(事例1) 2ヶ月の場合

2月	3月	2ヶ月計	1ヶ月平均
時間外・休日労働90時間	時間外・休日労働50時間	140時間	70時間

➡ 1ヶ月平均が80時間以下のため、問題なし

(事例2) 2ヶ月の場合

2月	3月	2ヶ月計	1ヶ月平均
時間外・休日労働90時間	時間外・休日労働80時間	170時間	85時間

➡ 1ヶ月平均が80時間を超えるため、法令違反

(事例3) 3ヶ月の場合

10月	11月	12月	3ヶ月計	1ヶ月平均
時間外・休日労働90時間	時間外・休日労働70時間	時間外・休日労働65時間	225時間	75時間

➡ 1ヶ月平均が80時間以下のため、問題なし

（事例4） 3ヶ月の場合

10月	11月	12月	3ヶ月計	1ヶ月平均
時間外・休日労働90時間	時間外・休日労働60時間	時間外・休日労働95時間	245時間	81.67時間

➡ 1ヶ月平均が80時間を超えるため、法令違反

（事例5） 4ヶ月の場合

9月	10月	11月	12月	4ヶ月計	1ヶ月平均
時間外・休日労働40時間	時間外・休日労働80時間	時間外・休日労働80時間	時間外・休日労働80時間	280時間	70時間

➡ 1ヶ月平均が80時間以下のため、問題なし

（事例6） 4ヶ月の場合

9月	10月	11月	12月	4ヶ月計	1ヶ月平均
時間外・休日労働65時間	時間外・休日労働95時間	時間外・休日労働65時間	時間外・休日労働96時間	321時間	80.25時間

➡ 1ヶ月平均が80時間を超えるため、法令違反

（事例7） 5ヶ月の場合

8月	9月	10月	11月	12月	5ヶ月計	1ヶ月平均
時間外・休日労働60時間	時間外・休日労働95時間	時間外・休日労働60時間	時間外・休日労働95時間	時間外・休日労働60時間	370時間	74時間

➡ 1ヶ月平均が80時間以下のため、問題なし

（事例8） 6ヶ月の場合

7月	8月	9月	10月	11月	12月	6ヶ月計	1ヶ月平均
時間外・休日労働50時間	時間外・休日労働70時間	時間外・休日労働80時間	時間外・休日労働80時間	時間外・休日労働60時間	時間外・休日労働98時間	438時間	73時間

➡ 1ヶ月平均が80時間以下のため、問題なし

(4)「時間外労働は1年720時間以内」という規制

　労働基準法は、時間外労働の上限時間を「1年について720時間」と規定している。この720時間には、休日労働の時間は、含まれていない。

図表8　時間外労働の上限は1年当たり720時間

	事例1	事例2	事例3	事例4
1月	40	40	40	30
2	40	0	42	40
3	40	90	95	90
4	50	40	42	40
5	50	90	42	40
6	40	40	95	90
7	40	90	42	70
8	50	40	42	40
9	95	90	60	30
10	30	40	80	50
11	50	40	65	60
12	95	90	90	90
計	620	690	735	670
適法・違法の判定	720時間以内のため、問題なし	720時間以内のため、問題なし	720時間を超えるため、法令違反	720時間以内のため、問題なし

（注）「720時間」には、休日労働は含まれない。

(5)「時間外労働が45時間を超える月は1年6回以内」という規制

　労働基準法は、「時間外労働は、原則として1ヶ月45時間以内」と定めている（限度時間）。
　時間外労働が45時間を超えると、心身の疲労が蓄積される。健康に

良くない影響を与える。このため、労働基準法は、「時間外労働が45時間を超える月は、1年につき6回以内でなければならない」という規制を設けている。

図表9　45時間を超える月は6回以下

	事例1	事例2	事例3	事例4
1月	60	40	40	30
2	60	0	40	50
3	60	90	95	90
4	60	40	40	40
5	60	90	40	40
6	60	40	95	90
7	60	90	40	70
8	60	40	40	40
9	60	90	60	30
10	60	40	80	50
11	60	40	60	60
12	60	90	90	90
計	720	690	720	680
適法・違法の判定	45時間を超える月が6回を超えるため、法令違反	45時間を超える月が6回以下のため、問題なし	45時間を超える月が6回以下のため、問題なし	45時間を超える月が6回を超えるため、法令違反

（注）45時間には、休日労働は含まれない。

(6) 規制の適用除外

次の業務・事業については、その業務の特殊性に配慮して、上限規制の適用に関して適用除外等の措置が講じられている。

① 新たな技術、商品または役務の研究開発
② 工作物の建設の事業
③ 自動車の運転の業務
④ 医業に従事する医師

⑤　鹿児島県および沖縄県において砂糖を製造する事業

　これらのうち、研究開発、建設および自動車の運転業務について、適用除外等の主な措置を示すと、図表10のとおりである。

図表10　上限規制の適用除外

業　　務	適用除外の内容
①　新たな技術、商品または役務の研究開発	上限規制は適用しない
②　工作物の建設の事業	法律施行後5年間は、上限規制は行わない
③　自動車の運転の業務	法律施行後5年間は、上限規制は行わない

3 上限規制への対応の実務

(1) 就業規則の見直し

就業規則の時間外労働の条項の見直しを行う。

(2) 役職者への周知

現場の役職者(部長・課長・係長等)は、所管部門の業務を遂行する責任を負っている。その責任を果たすためには、部下に対して、適宜適切に時間外労働を指示命令することが必要である。

部門の業務目標を達成するうえで、時間外労働は必要不可欠である。

このため、会社は、役職者に、「部下に時間外労働を指示命令する権限」を与えている。役職者は、部門の仕事の量、仕事の重要性・緊急性、要員の状況を判断して、時間外労働の命令を出す。

現場の役職者が、時間外労働の上限規制の内容について、正しい知識を持っていないと、法令違反を起こすことになる。

このため、文書の配布、社内LAN、研修会の開催等によって、上限規制についての知識を与える。

図表11　就業規則の見直し

現行の規定	改定
会社は、業務上必要であるときは、労働組合との間で締結した労使協定の範囲内で、時間外労働を命令することがある。	○現行の条項を変更する必要はない。 （理由） 労使協定は、労働基準法を踏まえて締結することになっている。労働基準法に違反する内容の協定は、無効である。 　「労使協定で定められた範囲で、時間外労働を命令する」と明記されていれば、その条項を変更する必要はない。
会社は、業務上必要であるときは、時間外労働を命令することがある。	（変更例1） 会社は、業務上必要であるときは、労働組合との間で締結した労使協定の範囲内で、時間外労働を命令することがある。 （変更例2） 会社は、業務上必要であるときは、労働基準法で定められた時間の範囲内で、時間外労働を命令することがある。 （変更例3） 会社は、業務上必要であるときは、時間外労働を命令することがある。ただし、時間外労働の上限は、次のとおりとする。 ①1ヶ月における時間外労働の上限は、最繁忙月においても、休日労働と合わせて100時間未満とする。 ②2ヶ月ないし6ヶ月のそれぞれの期間における時間外労働・休日労働の1ヶ月平均時間は、80時間以内とする。 ③1年の時間外労働は、720時間以内とする。 ④時間外労働が45時間を超える月数は6回以内とする。 　（変更例4） 会社は、業務上必要であると認めるときは、時間外労働を命令することがある。 ②時間外労働の上限は、次のとおりとする。 ア　1ヶ月における時間外労働の上限は、最繁忙月においても、休日労働と合わせて100時間未満とする。 イ　1年の時間外労働は、720時間以内とる。 ウ　その他、労働基準法の定めるところによる。

様式1　上限規制についての役職者への通知

〇〇年〇〇月〇〇日

役職者各位

人事部長

時間外労働の取り扱いについて（お知らせ）

このほど「働き方改革関連法」が成立し、時間外労働について、上限規制が実施されることになりました。上限規制の内容は、次のとおりです。

上限規制は、2019年4月1日から施行されます。

（時間外労働の上限規制の内容）

> （1）1ヶ月における時間外労働および休日労働の時間は100時間未満とする。
> （2）連続する2ヶ月、3ヶ月、4カ月、5カ月および6ヶ月のいずれの期間においても、時間外労働および休日労働の1ヶ月当たりの平均時間は、80時間以内とする。
> （3）1年における時間外労働の時間は720時間以内とする（休日労働は、含まない）。
> （4）時間外労働が45時間を超える月数は、1年について6回以内とする（休日労働は、含まない）。

2　会社は、この上限規制を踏まえて、労働組合との間で時間外労働・休日労働協定を締結します。

3　業務上の必要によって部下に対して時間外労働・休日労働を命令するときは、労使協定を遵守してください。

4　この上限規制についてご不明の点があるときは、人事部にお問い合わせください。

以上

(3) 時間外労働の労使協定の締結

労働基準法は、周知のように、「使用者は、労働組合（労働組合がないときは、労働者の過半数を代表する者）との間において、協定を結べば、法律で定める労働時間（1日8時間、1週40時間）を超えて労働させることができる」と定めている。

社員に対して時間外労働をさせるには、労働組合との間で労使協定を結ぶことが必要である。

(4) 役職者への労使協定の内容の通知

現場の役職者による時間外労働の命令は、労使協定の範囲内で行われることが必要である。

このため、労働組合との間で時間外労働協定を結んだときは、次の事項を役職者に通知する。

図表12　役職者への労使協定の通知事項

①　時間外労働・休日労働をさせる事由
②　業務の種類
③　人員
④　1日の時間外労働の時間
⑤　1ヶ月の時間外労働の時間、1ヶ月の休日労働の日数
⑥　1年の時間外労働の時間
⑦　その他

(5) 部下への時間外労働の命令

現場の役職者は、業務上必要であると判断したときは、部下に対して時間外労働を命令する。

様式2　時間外労働命令書

○　例1

```
                                    ○○年○○月○○日
○○○○様
                                        ○○課長

            時間外・休日労働命令書
          （□時間外労働　□休日労働）
```

月日	○○月○○日（　）
業務内容	
時間数	○時○分から○時間
備考	

以上

○　例2

```
                                    ○○年○○月○○日
課員各位
                                        ○○課長

            時間外・休日労働命令書
          （□時間外労働　　□休日労働）
```

1　時間外・休日労働の月日
　　○○月○○日（　）
2　業務内容・時間数等

氏名	業務の内容	時間数	備考

以上

○ 例3

		○○年○○月○○日
課員各位		
		○○課長

時間外・休日労働命令書
(○○月○○日～○○月○○日)

日	曜	(氏名)	(氏名)	(氏名)	(氏名)	(氏名)
	月					
	火					
	水					
	木					
	金					
	土					
	日					
時間外労働計						
休日労働計						
業務内容						
備考						

以上

(6) 育児・介護をする者から請求のあったとき

　社員の中には、育児または介護をしている者がいる。時間外労働を終えて夜遅く帰宅し、それから育児または介護をするのは、相当に負担が重い。
　育児・介護休業法は、育児または介護に当たる者の負担を少しでも軽くするため、
　　・小学校入学前の子を養育する者、または家族を介護する者は、会

社に対して、時間外労働の制限を請求できる
・会社は、請求が出されたときは、1ヶ月24時間、1年150時間を超えて時間外労働をさせてはならない。ただし、事業の正常な運営を妨げる場合は、この限りではない

と定めている。

図表13　育児・介護のための時間外労働制限制度の概要

1	請求できる者	・小学校入学前の子を養育する者 ・家族を介護する者
2	時間外労働の制限	請求があったときは、1ヶ月24時間、1年150時間を超えて、時間外労働をさせてはならない。ただし、事業の正常な運営を妨げる場合は、この限りではない。
3	制限の期間	1回につき、1ヶ月以上1年以内
4	請求の期限	開始予定日の1ヶ月前までに行う。
5	請求の回数	何回でも行うことができる。
6	請求の方法	書面に必要事項を記載して行う。

(7) 人事部への時間外労働の報告

　人事部門は、会社全体として時間外労働が適正に行われているかを管理監督する責任を負っている。この目的を達成するため、各部門に対し、時間外労働の実績を人事部門に報告させるのがよい。

　報告の頻度には、
・その都度、報告させる
・1週に1度、報告させる
・10日ごとに報告させる
・毎月報告させる

などがある。

様式3　人事部門への時間外労働報告
○　例1（日報）

○○年○○月○○日

人事課長殿

○○課長

時間外・休日労働報告

（□時間外労働　　□休日労働）

1　時間外・休日労働をさせた月日
　　○○月○○日（　）
2　個人別時間数等

氏名	業務の内容	時間数	備考

以上

（注）①　時間外・休日労働は、労使協定で定められた内容を遵守して命令すること。
　　　②　時間数は、分単位で記載すること。
　　　③　「休日労働」とは、日曜の労働をいう。土曜休日の労働は、時間外労働として取り扱う。

○ 例2（週報）

○○年○○月○○日

人事課長殿

○○課長

時間外・休日労働報告
（○○月○○日～○○月○○日）

日	曜	(氏名)	(氏名)	(氏名)	(氏名)	(氏名)
	月					
	火					
	水					
	木					
	金					
	土					
	日					
時間外労働計						
休日労働計						
業務内容						
備考						

以上

(注) ① 時間外・休日労働は、労使協定で定められた内容を遵守して命令すること。
② 時間数は、分単位で記載すること。
③ 「休日労働」とは、日曜の労働をいう。土曜休日の労働は、時間外労働として取り扱う。
④ 翌週のはじめに提出すること。

○ 例3（月報）

〇〇年〇〇月〇〇日

人事課長殿

〇〇課長

時間外・休日労働報告

（〇〇年〇〇月）

日	曜	（氏名）	（氏名）	（氏名）	（氏名）	（氏名）
1						
2						
3						
4						
5						
6						
7						
8						
9						
10						
11						
12						
13						
14						
15						
16						
17						
18						
19						
20						
21						
22						
23						

24						
25						
26						
27						
28						
29						
30						
31						
時間外労働計						
休日労働計						
合計						
業務内容						
備考						

以上

(注) ① 時間外・休日労働は、労使協定で定められた内容を遵守して命令すること。
　　② 時間数は、分単位で記載すること。
　　③ 「休日労働」とは、日曜の労働をいう。土曜休日の労働は、時間外労働として取り扱う。
　　④ 翌月のはじめに提出すること。

(8) 人事部門における時間外労働の記録

人事部門では、部課ごと、社員ごとに、時間外労働の記録を整備しておく。

様式4　時間外労働管理簿
○　例1（月間の記録）

人事部作成

時間外労働管理簿

（○○年○○月・○○部○○課）

氏名		○○○○		○○○○		○○○○	
		時間外労働	休日労働	時間外労働	休日労働	時間外労働	休日労働
日	曜日						
1							
2							
3							
4							
5							
6							
7							
8							
9							
10							
11							
12							
13							
14							
15							
16							
17							
18							
19							
20							
21							

22								
23								
24								
25								
26								
27								
28								
29								
30								
31								
計								
備考								

以上

○ 例2（年度の記録）

人事課作成

時間外労働管理簿

（○○年度・○○部○○課）

氏名	○○○○			○○○○		
	時間外労働	休日労働	計	時間外労働	休日労働	計
4月						
5						
6						
7						
8						
9						
10						
11						

12						
1						
2						
3						
計						
備考						

以上

(9) 役職者への注意喚起

　人事部門は、現場の役職者から提出される「時間外労働報告書」によって、時間外労働が法令を遵守して適正に行われているかをチェックする。

　チェックの結果、「このまま行くと、法令に違反する恐れがある」と判断されたときは、その部門の役職者に対して、注意を促す。

　もしも、ある部門で「1ヶ月の時間外労働の上限は、休日労働と合わせて100時間未満」という規制に抵触する社員が出る可能性が強まったときは、その部門の役職者に対し、「〇〇さんは、1ヶ月の上限に近づいているので、今後の時間外労働の命令は差し控えるように」と注意を喚起する。

　また、ある部門において「1年の時間外労働の上限は720時間」という規制に抵触する社員の出る可能性があるときは、その部門の役職者に「〇〇さんの時間外労働は、720時間に近づいているので、十分気を付けるように」と指示する。

(10) 時間外労働の自己申告制の場合

　時間外労働については、業務上の必要に応じて、会社が社員に対して「納期に間に合わせるため、〇時間時間外労働をしてほしい」「大量の注文が来たので、〇時間残業を命令する」という形で命令するの

が本来の姿である。

　ところが、仕事の進め方や手段の選択について、社員の裁量性の大きい、知的・頭脳的な仕事（企画、システム設計、市場調査、研究開発等）の場合には、会社の方で「◯時間の時間外労働を命令する」という方法を採用するのが困難である。

　社員の裁量性の大きい仕事の場合には、
　　・時間外労働をするか、しないか
　　・時間外労働をする場合は、何時間するか
の決定を本人に委ねざるを得ない。本人の決定に委ねなければ、仕事はうまく進まない。

　このような場合には、「いつ、何時間、時間外労働をしたか」を本人自身に申告させる。

　所属長は、部下が申告した内容をチェックする。そして、もしも、「時間外労働が上限規制に抵触する恐れがある」と判断したときは、その社員に対して、「上限規制に抵触する恐れがあるので、時間外労働を抑制するように…」と指示する。

　部下が申告した時間外労働が「1ヶ月当たり、休日労働と合わせて100時間未満」「年間720時間」という上限をオーバーしたときに、「本人が自分の意思で行ったもので、会社が指示してやらせたものではない」という釈明は認められない。

様式5　所属長への時間外労働報告
○　例1（日報）

○○年○○月○○日

所属長殿

○○○○印

時間外・休日労働報告
（□時間外労働　　□休日労働）

1	時間外労働等をした日	○○月○○日
2	開始・終了時刻	○○時○○分～○○時○○分
3	時間数	○時○○分
4	業務内容	
5	備考	

以上

(注)　①　時間数は、労使協定で定められた範囲とすること。
　　　②　時間数は、分単位で記載すること。
　　　③　「休日労働」とは、日曜の労働をいう。土曜休日の労働は、時間外労働として取り扱う。
　　　④　業務の効率化により、時間外・休日労働の短縮に努めること。

○ 例2（週報）

○○年○○月○○日

所属長殿

○○○○印

時間外・休日労働報告

（○○月○○日～○○月○○日）

日	曜	開始時刻	終了時刻	時間数	業務内容	備考
	月					
	火					
	水					
	木					
	金					
	土					
	日					
時間外労働計						
休日労働計						

以上

(注) ① 時間外・休日労働は、労使協定で定められた範囲内とすること。
　　 ② 時間数は、分単位で記載すること。
　　 ③ 「休日労働」とは、日曜の労働をいう。土曜休日の労働は、時間外労働として取り扱う。
　　 ④ 翌週のはじめに提出すること。

○ 例3（月報）

〇〇年〇〇月〇〇日

所属長殿

〇〇〇〇印

時間外・休日労働報告

（〇〇年〇〇月）

日	曜	開始時刻	終了時刻	時間数	業務内容	備考
1						
2						
3						
4						
5						
6						
7						
8						
9						
10						
11						
12						
13						
14						
15						
16						
17						
18						
19						
20						
21						
22						
23						

24						
25						
26						
27						
28						
29						
30						
31						
時間外労働計						
休日労働計						
合計	＊＊	＊＊	＊＊		＊＊	＊＊

以上

(注) ① 時間外・休日労働は、労使協定で定められた範囲内とすること。
　　 ② 時間数は、分単位で記載すること。
　　 ③ 「休日労働」とは、日曜の労働をいう。土曜休日の労働は、時間外労働として取り扱う。
　　 ④ 翌月のはじめに提出すること。

(11) 営業社員の労働時間管理

　労働基準法は、「労働者が労働時間の全部又は一部について事業場外で業務に従事した場合において、労働時間を算定し難いときは、所定労働時間労働したものとみなす」（第38条の２）と定めている。

　これを受けて、会社の中には、営業社員に対して「みなし労働時間制」を適用しているところが多い。

　営業社員が毎日、ほぼ定時に退社しているような場合には、特に問題はない。

　しかし、パソコンの使用履歴、タイムカードの記録などの客観的な資料から判断して「労働時間と休日労働の合計時間が100時間未満を超えている」「時間外労働が45時間以上の月が１年に８回も９回もあ

る」あるいは「時間外労働が年720時間を超えている」という場合には、「労働基準法違反」として、使用者責任を問われる可能性がある。

スマートフォンや携帯電話で、事業場外にいる営業社員に対して業務指示を出す場合には、みなし労働時間制は適用されない（図表14参照）。

また、営業社員が営業先から営業所に戻り、
・営業日誌、営業報告書を書く
・取引先へ提出する営業企画書（提案書）を書く
・営業会議に出席する
・研修を受ける
などの場合は、会社として労働時間を把握できるので、把握しなければならない。

営業社員に対してみなし労働時間制を適用する場合には、労働実態に十分配慮することが必要である。

図表14　みなし労働時間制が適用されない場合

①　何人かのグループで事業場外で業務に従事する場合で、その中に、労働時間を管理する者がいる場合
②　無線やポケットベル等によって随時会社の指示を受けて業務を行う場合
③　事業場において、あらかじめ訪問先、帰社時刻など当日の業務について具体的な指示を受けた後、事業場外で指示どおり業務に従事し、その後事業場に戻る場合

（注）昭和63・1・1　基発1号

様式6　営業社員の労働時間の把握・記録

労働時間記録表
(○○年○○月)

所属	営業1課	氏名	○○○○

日	曜	始業時刻	終業時刻	社外での業務時間	社内での業務時間	社内での業務内容	備考
1							
2							
3							
4							
5							
6							
7							
8							
9							
10							
11							
12							
13							
14							
15							
16							
17							
18							
19							
20							
21							
22							
23							
24							

25							
26							
27							
28							
29							
30							
31							
計	＊＊	＊＊	＊＊			＊＊	＊＊

以上

4 時間外労働取扱規程

時間外労働を適正に行うため、その取り扱い基準を「社内規程」という形で取りまとめることが望ましい。

規程例を示すと、次のとおりである。

○規程例（1）～標準的な規程～

時間外労働取扱規程

（総則）
第1条　この規程は、時間外労働（休日労働を含む。以下、同じ。）の取り扱いについて定める。
（法令との関係）
第2条　時間外労働についてこの規程に定めのない事項は、労働基準法の定めるところによる。
（労使協定の締結・届出）
第3条　会社は、毎年度、時間外労働について労働基準法の定めるところにより労使協定を締結し、これを労働基準監督署に届け出る。
（所管）
第4条　次の事項は、人事課の所管とし、その責任者は人事課長とする。
　（1）労使協定の内容案の決定
　（2）労使交渉と労使協定の締結
　（3）労使協定の労働基準監督署への届出
（協定の内容の決定基準）
第5条　人事課長は、労使協定の内容（時間外労働をさせる社員の範囲、時間外労働の時間数その他）の立案にあたっては、次の事項を十分に踏まえなければならない。

（1） 経営計画
  （2） 各部門の業務計画
  （3） 各部門の在籍社員数
  （4） 前年度の時間外労働の実績
  （5） その他
（各課長への通知）
第6条　人事課長は、労働組合との間において労使協定を締結したときは、各課長に対して、その内容を通知しなければならない。
（時間外労働の命令）
第7条　各課長は、労使協定の範囲内において、課員に対して時間外労働を命令することができる。
（時間外労働の上限規制の遵守）
第8条　各課長は、時間外労働について、次の事項に十分注意をしなければならない。
  （1） 1ヶ月における時間外労働および休日労働の時間は100時間未満とすること
  （2） 連続する2ヶ月、3ヶ月、4ヶ月、5ヶ月および6ヶ月のいずれの期間においても、時間外労働および休日労働の1ヶ月当たりの平均時間を80時間以内とすること
  （3） 1年における時間外労働の時間は720時間以内とすること
  （4） 45時間を超える月数は、1年について6ヶ月以内とすること
（育児・介護をする者から請求があったとき）
第9条　各課長は、次のいずれかに該当する者から請求が出されたときは、1ヶ月24時間、1年150時間を超えて時間外労働を命令してはならない。ただし、業務に著しい支障が出る恐れがあるときは、この限りではない。
  （1） 小学校入学前の子を養育する者
  （2） 家族を介護する者

（人事課長への報告）
第10条　各課長は、毎週、課員に対する時間外労働の命令の実績を人事課長に報告しなければならない。

（注意喚起）
第11条　人事課長は、労働基準法に定める時間外労働の上限規制に抵触する社員の出る危険性が生じたときは、その社員の上司の課長に対し、注意を喚起するものとする。

（判断に迷うとき）
第12条　各課長は、時間外労働の取り扱いについて判断に迷うときは、必ず人事課長に意見を求めなければならない。

（課長への回答）
第13条　人事課長は、前条に定めるところによって意見を求められたときは、できる限り速やかに意見を述べるものとする。

（時間外労働の記録）
第14条　人事課長は、全社員について、時間外労働の記録を整備しておくものとする。

（付則）
この規程は、〇〇年〇〇月〇〇日から施行する。

○規程例（2）～役職者の心得に絞ったもの～

時間外労働取扱規程

（総則）
第1条　この規程は、時間外労働および休日労働（以下、単に「時間外労働」という。）の取り扱いを定めたものである。
2　役職者は、この規程を遵守して時間外労働を取り扱わなければならない。
（時間外労働の命令）
第2条　役職者は、業務上必要であるときは、部下に対して時間外労働を命令することができる。
（時間外労働の時間数）
第3条　時間外労働の時間数は、労使協定で定められた範囲内とする。労使協定で定められた時間を超えて、命令してはならない。
（時間外労働の命令に当たっての留意事項）
第4条　役職者は、時間外労働の命令に当たっては、次の事項に留意するものとする。
　（1）時間外労働の命令は、その前日までに行うように努めること
　（2）対象者および時間数は、業務の内容および業務の量をよく勘案して決定すること
　（3）時間外労働が1時間以上に及ぶことが見込まれるときは、終業時刻と時間外労働の開始時刻との間に10分程度の休憩を設けること
　（4）時間外労働が2時間以上に及ぶときは、適宜休憩を与えること
　（5）深夜に及ばないようにすること
　（6）深夜に及ぶ時間外労働が連続しないように努めること
　（7）1ヶ月の時間外労働が20時間を超えた者に対して、代休ま

　　　　たは年休を取得するように勧めること
　　（8）次のいずれかに該当する者に、十分配慮すること
　　　　①　小学校入学前の子を養育する者
　　　　②　家族の介護を行う者
　　（9）時間外労働が特定の者に集中しないようにすること
（上限規制の遵守）
第5条　役職者は、時間外労働について、次の事項を遵守しなければならない。
　　（1）1ヶ月における時間外労働および休日労働の時間は100時間未満とすること
　　（2）連続する2ヶ月、3ヶ月、4ヶ月、5ヶ月および6ヶ月のいずれの期間においても、時間外労働および休日労働の1ヶ月当たりの平均時間を80時間以内とすること
　　（3）1年における時間外労働の時間は720時間以内とすること
　　（4）45時間を超える月数は、1年について6ヶ月以内とすること
（時間外労働の記録）
第6条　役職者は、部下に時間外労働を命令したときは、次の事項を正確に記録しておかなければならない。
　　（1）部下の氏名
　　（2）日にち
　　（3）時間数
　　（4）業務の内容
（人事部への報告）
第7条　役職者は、毎週1回、部下に対する時間外労働の命令の実績を人事部に報告しなければならない。
（判断に迷うとき）
第8条　役職者は、時間外労働の取り扱いについて判断に迷うときは、必ず人事課長に意見を求めなければならない。

（時間外労働の短縮）
第9条　役職者は、時間外労働を少しでも短縮するように努めなければならない。
　（付則）
この規程は、〇〇年〇〇月〇〇日から施行する。

5 時間外労働の労使協定と協定例

(1) 労使協定の締結

　社員に対して時間外労働を命令するときは、あらかじめ、労働組合（労働組合がないときは、社員の過半数を代表する者）との間で、協定を結ぶことが必要である。

　労働組合がない会社では、社員の過半数を代表する者との間で協定を結ばなければならない。「社員の過半数を代表する者」は、投票や挙手などの公正な方法で選出されなければならない。

図表15　時間外労働・休日労働の労使協定の項目

①労働時間を延長し、または休日に労働させることのできる労働者の範囲
②対象期間（労働時間を延長し、または休日に労働させることのできる期間）（1年間に限る）
③労働時間を延長し、または休日に労働させることのできる場合
④1日、1ヶ月、1年において、労働時間を延長できる時間、または労働させることのできる日数
⑤その他労働時間の延長および休日の労働を適正なものとするために、厚生労働省令で定める事項

（注）　上記のうち、⑤の「その他厚生労働省令で定める事項」は、今回の法改正で追加されたもので、次の事項が予定されている（法律案要綱による）。
　　ア　時間外労働の上限を超えて労働した労働者に講じる健康確保措置（具体的な内容は、厚生労働大臣が定める「指針」で示される）
　　イ　限度時間を超えた労働者に係る割増賃金率
　　ウ　限度時間を超えて労働させる場合の手続き
　　エ　限度時間を超えて労働させる場合に、2ヶ月ないし6ヶ月のそれぞれの期間における、時間外労働および休日労働の1ヶ月当たり平均時間は80時間以内となるように定めること

(2) 労使協定の例

時間外労働に関する労使協定の例を示すと、次のとおりである。

○協定例（1）

　　　　　　　　　時間外労働・休日労働に関する労使協定
　　　　　　　　　　　　　　　　　　　　○○年○○月○○日
　　　　　　　　　　　　　　　　○○株式会社取締役社長○○○○印
　　　　　　　　　　　　　　　　○○労働組合執行委員長○○○○印
　　　　　　　　　時間外労働・休日労働に関する労使協定

　○○株式会社（以下、単に「会社」という。）と○○労働組合（以下、単に「組合」という。）とは、時間外労働および休日労働に関して、次のとおり協定する。

1　時間外労働・休日労働の命令

　会社は、通常の量を超える量の受注その他経営上必要であると認めるときは、組合員に対して、時間外労働および休日労働を命令することができる。

2　時間外労働・休日労働の対象業務

　時間外労働および休日労働の命令の対象業務は、次に掲げるものとする。
　　（1）商品の生産とそれに関連する業務
　　（2）営業とそれに関連する業務
　　（3）総務、経理、人事その他一般事務とそれに関連する業務
　　（4）商品開発とそれに関連する業務
　　（5）システム設計とそれに関連する業務

3　時間外労働および休日労働の対象者の範囲

時間外労働および休日労働の命令の対象者は、次のとおりとする。
　　（1）商品の生産とそれに関連する業務　　○名
　　（2）営業とそれに関連する業務　　○名
　　（3）総務、経理、人事その他一般事務とそれに関連する業務
　　　　　○名
　　（4）商品開発とそれに関連する業務　　○名
　　（5）システム設計とそれに関連する業務　　○名

4　対象期間
　対象期間は、○○年○○月○○日から1年間とする。

5　時間外労働の限度時間
　時間外労働の限度時間は、各業務とも、次のとおりとする。
　　（1）1日については、3時間
　　（2）1ヶ月（起算日は、毎月1日）については、45時間
　　（3）1年（起算日は、4月1日）については、360時間

6　休日労働の日数および始業・終業時刻
　各業務とも、休日労働の限度日数は、1ヶ月2日とし、始業時刻9時、終業時刻6時とする。

7　限度時間を超える時間外労働の命令
　会社は、次に掲げる特別の事情が生じたときは、限度時間を超える時間外労働を命令することができる。
　　（1）予算、決算
　　（2）納期のひっ迫
　　（3）中元商戦、年末商戦に伴う業務の繁忙
　　（4）機械またはシステムのトラブルへの対応
　　（5）その他の臨時的・突発的な事態への対応

8 時間外労働の上限

特別の事情に対応するために、限度時間を超える時間外労働を命令する場合、その上限は、各業務とも、次のとおりとする（限度時間を含む）。

（1）1ヶ月における時間外労働および休日労働の時間は100時間未満とする。

（2）1年における時間外労働の時間は720時間以内とする。

（3）45時間を超える月数は、1年について6ヶ月以内とする。

9 その他

（1）会社は、時間外労働の上限を超えて労働した者について、厚生労働省の「指針」で定める健康確保の措置を講じる。

（2）限度時間を超える時間外労働の割増賃金率は、〇〇％とする。

（3）会社は、限度時間を超えて労働させる場合には、組合に対して、あらためてその必要性と内容を説明する。

（4）限度時間を超えて労働させる場合に、2ヶ月ないし6ヶ月のそれぞれの期間における、時間外労働および休日労働の1ヶ月当たり平均時間は80時間以内とする。

10 有効期間

この労使協定の有効期間は、〇〇年〇〇月〇〇日から1年とする。満了日の1ヶ月前までに、会社、組合のいずれからも申出のないときは、さらに1年有効とし、以降も同様とする。

以上

○協定例（2）

時間外労働・休日労働に関する労使協定

○○年○○月○○日
○○株式会社取締役社長○○○○印
○○労働組合執行委員長○○○○印

時間外労働・休日労働に関する労使協定

　○○株式会社（以下、単に「会社」という。）と○○労働組合（以下、単に「組合」という。）とは、時間外労働および休日労働に関して、次のとおり協定する。

1 時間外労働・休日労働をさせる事由	1 中元期および年末における売上目標の達成 2 新しい販路の開拓 3 取引先の営業活動の支援 4 取引先クレームへの対応 5 情報システムのトラブルへの対応
2 時間外労働・休日労働の対象業務	1 営業 2 配送 3 総務・経理等の一般事務 4 情報システムの管理
3 従業員数	1 営業　　○名 2 配送　　○名 3 一般事務　　○名 4 情報システムの管理　　○名
4 対象期間	○○年○○月○○日から1年間とする。
5 延長させることができる時間（限度時間）	各業務とも、次のとおりとする。 ①　1日について○時間 ②　1ヶ月（起算日は、毎月1日）について45時間 ③　1年（起算日は、4月1日）について360時間
6 労働させることができる休日	各業務とも、次のとおりとする。 ①　1ヶ月について2日 ②　始業時刻は午前9時、終業時刻は午後6時

7　限度時間を超える時間外労働をさせる事由	1　予算・決算業務 2　年度末・年末商戦に伴う業務の繁忙 3　納期のひっ迫	
8　限度時間を超える時間外労働の上限	時間外労働の上限は、各業務とも、次のとおりとする（限度時間を含む）。 ①　1ヶ月における時間外労働および休日労働の合計時間は100時間未満とする。 ②　1年における時間外労働の時間は720時間とする。 ③　45時間を超える月数は、1年について6ヶ月以内とする。	
9　その他	①　会社は、時間外労働の上限を超えて労働した者について、厚生労働省の「指針」で定める健康確保の措置を講じる。 ②　限度時間を超える時間外労働の割増賃金率は、〇〇％とする。 ③　会社は、限度時間を超えて労働させる場合には、組合に対して、あらためてその必要性と内容を説明する。 ④　限度時間を超えて労働させる場合に、2ヶ月ないし6ヶ月のそれぞれの期間における、時間外労働および休日労働の1ヶ月当たり平均時間は80時間以内とする。 ⑤　会社は、時間外労働および休日労働の実績を正確に記録し、これを一定期間確実に保存するものとする。 ⑥　会社は、毎月の労使協議会において、時間外労働および休日労働の実績を報告する。	

　この労使協定の有効期間は、〇〇年〇〇月〇〇日から1年とする。満了日の1ヶ月前までに、会社、組合のいずれからも申出のないときは、さらに1年有効とし、以降も同様とする。

以上

○協定例(3)

時間外労働・休日労働に関する労使協定

○○年○○月○○日
○○株式会社取締役社長○○○○印
社員代表○○○○印

時間外労働・休日労働に関する労使協定

　○○株式会社(以下、単に「会社」という。)と社員代表○○○○とは、労働基準法第36条の定めるところにより、時間外労働および休日労働に関して、次のとおり協定する。

1　時間外労働・休日労働をさせる事由	1 2 3 4 5	通常の量を超える業務の処理 仕入れ先からの販売拡大要請への対応 取引先の販売活動の支援 取扱商品に係る欠陥・不良への対応 情報システムのトラブルへの対応
2　時間外労働・休日労働の対象業務と社員数	1 2 3 4 5	営業　　○名 配送　　○名 仕入れ・在庫管理　　○名 総務・経理等の一般事務　　○名 情報システム関係　　○名
3　対象期間	○○年○○月○○日から1年間とする。	
4　延長させることができる時間(限度時間)	各業務とも、次のとおりとする。 ①　1日について○時間 ②　1ヶ月(起算日は、毎月1日)について45時間 ③　1年(起算日は、4月1日)について360時間	
5　労働させることができる休日	各業務とも、次のとおりとする。 ①　1ヶ月について2日 ②　始業時刻は午前9時、終業時刻は午後6時	
6　限度時間を超える時間外労働をさせる事由	1 2 3	予算・決算業務 年度末・年末商戦に伴う業務の繁忙 重大なトラブル、クレームへの対応

7　時間外労働の上限	時間外労働の上限は、各業務とも、次のとおりとする（限度時間を含む）。 ①　1ヶ月における時間外労働および休日労働の合計時間は100時間未満とする。 ②　1年における時間外労働の上限は、720時間とする。 ③　45時間を超える月数は、1年について6回以内とする。
8　その他	①時間外労働の命令は、原則として、その前日までに行うこと（緊急やむを得ない場合は、この限りではない） ②時間外労働が1時間以上に及ぶことが見込まれるときは、終業時刻と時間外労働の開始時刻との間に10分程度の休憩を設けること ③時間外労働が2時間以上に及ぶときは、適宜休憩を与えること ④時間外労働が深夜に及ばないようにすること ④次のいずれかに該当する者に、十分配慮すること ・小学校入学前の子を養育する者 ・老親等の介護を行う者 ⑤会社は、時間外労働の上限を超えて労働した者について、厚生労働省の「指針」で定める健康確保の措置を講じる。 ⑥限度時間を超える時間外労働の割増賃金率は、○○％とする。 ⑦会社は、限度時間を超えて労働させる場合には、社員代表に対して、あらためてその必要性と内容を説明する。 ⑧限度時間を超えて労働させる場合に、2ヶ月ないし6ヶ月のそれぞれの期間における、時間外労働および休日労働の1ヶ月当たり平均時間は80時間以内とする。

○協定の有効期間と更新

1　この労使協定の有効期間は、○○年○○月○○日から1年とす

る。
2　満了日の1ヶ月前までに、会社、社員代表のいずれからも申出のないときは、さらに1年有効とし、以降も同様とする。

　　　　　　　　　　　　　　　　　　　　　　　　　　　　以上

6　役職者の認識の把握とアンケート調査

(1) 役職者の認識と法違反

　社員に対して時間外労働を指示命令するのは、その社員の上司（役職者）である。人事部門が、「予定を上回る量の注文があったので、明日、生産部門の社員は2時間、検査部門の社員は1時間、配送部門の社員は3時間、それぞれ時間外労働をするように」と指示命令するわけではない。

　「時間外労働は、休日労働と合わせて、1ヶ月100時間未満」「1年の時間外労働の上限は、720時間」などの上限規制が守れるかどうかは、役職者の法令遵守意識によるところが大きい。

　役職者の法令遵守意識が甘く、部門の業務目標達成を優先させて、部下に毎日のように時間外労働を命令すると、結果的に法令違反が生じることになる。

図表16　上限規制違反が生じる経営風土

●役職者に法令遵守意識が欠ける
●部下が上司の指示命令に逆らえない職場風土がある
●職場においてコミュニケーションがあまりない
●「目標達成」「ノルマ達成」の経営が行われている

(2) 役職者の法令遵守意識の把握

　時間外労働の上限規制に違反しないためには、役職者の法令遵守意識を定期的に調査・把握する必要がある。
　すなわち、
　・役職者が、労働基準法で定められている時間外労働の上限規制を意識して、部下に時間外労働を命令しているか
　・役職者が、部下の時間外労働の実績を把握しているか

を、全社的にチェックする。

　チェックの方法には、実務的にいくつかのものが考えられるが、「チェックを統一的・効率的に行う」という観点から評価すると、アンケート方式が便利である。

(3) アンケートの実施時期と方式

　アンケートの目的は、「時間外労働の上限規制に対して、役職者が実際にどのように対応しているか」を実務ベースで調査することである。

　このため、上限規制が導入されてから一定期間経過してから実施する。3ヶ月あるいは6カ月程度経過してから、実施するのがよい。

　アンケートの方式には、
・回答者の名前を記入させる「記名式」
・回答者の名前は記入させない「無記名式」
の2つがある。

　役職者の「本音」を引き出し、労務管理の改善に役立てるという点から判断すると、無記名式で実施するのがよい。

(4) アンケートの項目

　アンケート方式で役職者の法令遵守意識を調査するときは、当然のことながら、アンケート項目を決めておかなければならない。

　項目を決めずに、法令遵守についての意見を各人に自由に記述させるという方法もあるが、自由記述方式は、調査される側にも、調査する側にも、負担が重すぎる。やはり、質問をし、それに対する選択肢をいくつか用意し、その中から選択させるという方式を採用するのが現実的である。

　アンケート項目の例を示すと、図表17のとおりである。

図表17　時間外労働の上限規制のアンケート項目

・上限規制を意識して時間外労働を命令しているか
・各人の時間外労働の実績を把握しているか
・各人の時間外労働を記録しているか
・時間外労働の上限規制の評価
・時間外労働短縮の努力
・時間外労働短縮の方法
・その他

(5) アンケート調査表の例

アンケート調査表の例を示すと、次のとおりである。

様式7　時間外労働の上限規制に関する役職者アンケート

役職者各位

人事部長

時間外労働の上限規制に関する役職者アンケート
～質問ごとに、該当する項目に〇を付してください～

Q1　あなたは、部下に時間外労働または休日労働（以下、単に「時間外労働」という。）を命令するときに、「労働基準法で上限が規制されていること」を意識していますか。
　1　大いに意識している
　2　意識している
　3　あまり意識していない
　4　まったく意識していない

Q2　上限規制について、どう思いますか。
　1　厳しすぎる
　2　適正である

3 緩すぎる

Q3 労働基準法の上限規制が施行されてから、1ヶ月の時間外労働と休日労働の合計時間が100時間近くになったことがありますか。
 1 ある
 2 ない

Q4 部下一人ひとりについて、今月、今までに命令した時間外労働の時間を覚えていますか。
 1 正確に覚えている
 2 だいたい覚えている
 3 あまり覚えていない
 4 まったく覚えていない

Q5 各人の時間外労働を記録していますか。
 1 命令した都度、記録している
 2 1週間まとめて記録している
 3 1ヶ月まとめて記録している
 4 特に記録していない

Q6 現在、部下の時間外労働の短縮に努めていますか。
 1 大いに努めている
 2 努めている
 3 あまり努めていない
 4 まったく努めていない

Q7 (前問で、1または2と答えた方に) そのために、どのような方法を講じていますか。(答えは、いくつでも)
 1 業務内容の見直し
 2 業務の機械化・自動化

3　業務の外注
　　4　パートタイマーの活用
　　5　部下の仕事の分担の見直し
　　6　その他（　　　　　　　）

Q8　（Q6で、3または4と答えた方に）短縮に努めていないのは、どうしてですか。
　　1　時間外労働が多いとは思っていないから
　　2　短縮すると、業務に支障が出るから
　　3　効果的な短縮法が見当たらないから
　　4　その他（　　　　　　　）

〜以上です。ご協力、ありがとうございます。〜

(6) 時間外労働に関する役職者研修の実施

　人事部門から見ると、すべての役職者が時間外労働の上限規制について正しい知識を持ち、時間外労働の指示命令権を適正に行使することが望ましい。

　しかし、そのようなことはあまり期待できない。現場の役職者には、「部門の業務目標を確実に達成しなければならない」という意識が強い。このため、いつ、上限規制に違反する事案が発生するか、分からない。

　人事部門として、アンケート調査の結果を見て「役職者の時間外労働の上限遵守意識が薄い」と判断されるときは、役職者を対象として研修を実施する。

7　時間外労働削減への取り組み

(1) 長い時間外労働の弊害

　仕事の量が変化するという状況のもとで、経営を安定的・継続的に行っていくうえで、時間外労働は必要不可欠である。

　しかし、毎日のように、ほとんどの社員が2時間、3時間、時間外労働をしているという状況は問題である。時間外労働が日常的・恒常的に行われていると、「仕事がきつすぎる」「ゆとりのある生活ができない」ということで、優れた人材が定着しない。

　退職者の後任を補充しようとしても、「あの会社は、時間外労働が多く、満足に個人生活を送れない」という噂が流れると、募集・採用が難しい。

図表18　時間外労働が長いことによる弊害

- 時間外労働手当の支払い額が増える
- 社員の疲労が蓄積し、事故やトラブルの原因となる
- 優れた人材が退職する
- 若い人材の募集・採用が難しくなる
- 職場の空気が暗くなる
- 職場に活力が生まれない

(2) 時間外労働削減に取り組む

　これまでは、労使協定を結べば、際限なしに時間外労働を命令することが許された。しかし、「働き方改革関連法」が成立し、時間外労働の上限規制が行われることになった。

　状況は大きく変わった。

　会社は、時間外労働をめぐる状況が根本的に変化したことを真摯に受け止め、時間外労働の削減に組織的・計画的に取り組むことが望ま

しい。

　時間外労働の削減策としては、実務的に、次のようなものがある。

　1ヶ月変形労働時間制／1年変形労働時間制／フレックスタイム制／セレクティブタイム制／シフト勤務制／ノー残業デー制／1日一定時間以上の時間外労働の禁止／一定時刻以降の時間外労働の禁止／勤務間インターバル制／時間外労働の目標値の設定／業務の見直し／非正社員の活用／その他

図表19　時間外労働の削減策

方策	内容
1ヶ月変形労働時間制	・これは、1ヶ月を平均して週の労働時間が40時間を超えなければ、1日8時間、・1週40時間を超えて労働させることができる制度。 ・1日、1週の労働時間に特に制限はない。 ・1ヶ月の労働時間の総枠は、次の算式による。 　労働時間枠＝40×1ヶ月の暦日数／7
1年変形労働時間制	・これは、1年を平均して週の労働時間が40時間を超えなければ、1日8時間、・1週40時間を超えて労働させることができる制度。 ・1日の労働時間は、10時間以内、1週の労働時間は、52時間以内。 ・1年の労働時間の総枠は、次の算式による。 　労働時間枠＝40×365／7
フレックスタイム制	・始業・終業時刻、1日の勤務時間を社員自身に決めさせる制度。 ・労働時間の清算期間は、3ヶ月以内。 ・フレキシブルタイム（始業時間帯、終業時間帯）、コアタイム（勤務すべき時間帯）を設けるのが一般的。

セレクティブタイム制	・これは、いくつかの勤務時間コースを設定し、社員にいずれかを選択させる制度。 ○勤務時間コースの例 ・8～17時 ・9～18時 ・10～19時
シフト勤務制	・社員を2、3のグループに分け、それぞれ、時間をずらせて勤務させるもの ○シフトの例 ・早番　8～17時 ・遅番　11～20時
ノー残業デー制	・毎週1日、残業をせずに定時に全員がいっせいに退社する制度。 ・水曜をノー残業デーとしている会社が多いといわれる。
一定時間以上の時間外労働の禁止	・時間外労働の時間が長くなると、心身の疲労により、仕事の能率が低下する。 ・このため、1日、一定時間以上、時間外労働をすることを禁止する（例えば、3時間を超える時間外労働の禁止）。
一定時刻以降の時間外労働の禁止	・時間外労働が深夜に及ぶのは、健康に良くない。 ・このため、一定時刻以降の時間外労働を禁止する（例えば、午後10時以降の残業禁止）。
勤務間インターバル制	・時間外労働の終了時刻と翌日の始業時刻との間に、一定の休息時間を設ける制度。
時間外労働の目標値の設定	・労働基準法の限度時間とは別に、会社独自の時間外労働の目標値を設ける制度。 ・例えば、次のような目標時間を設定する。 　営業部＝30時間、情報システム部＝35時間、総務・人事部＝20時間、経理部＝25時間

業務の見直し	・全社的に、業務内容の見直しを行う。 ○見直しの視点 ・経営にとって必要か ・担当者は適切か（高給社員が定型的な業務を担当していないか） ・投入時間は適切か ・実施時期は適切か
非正社員の活用	・パートタイマーに任せることのできるものは、任せる。 ・正社員は、正社員にふさわしい業務に特化する。
削減された手当支給額の賞与への上乗せ	・時間外労働の削減目標を達成できた場合、それによって削減された時間外労働手当の一部（30～50％程度）を、次期賞与の支給原資に上積みし、社員に還元する。
削減目標達成部門への協力金の支給	・部門ごとに、時間外労働の削減目標を設定する。 ・削減目標を達成した部門に対して、協力金を支給する。

第2章 中小企業の割増賃金率の適用猶予の廃止

　2010年4月に施行された改正労働基準法では、「長時間に及ぶ時間外労働を抑制する必要がある」などの目的で、1ヶ月60時間を超える時間外労働については、割増率が「50％以上」に引き上げられた。

　しかし、中小企業については、その経営事情に配慮し、「割増率50％以上」の適用は、「当分の間、猶予する」という措置が取られた。

　今回の働き方改革関連法により、その猶予措置が廃止された。

　なお、この猶予措置の廃止は、2023年4月1日から施行される。

図表1　中小企業の時間外労働の割増賃金率

	1ヶ月の時間外労働が60時間以下	1ヶ月の時間外労働が60時間超
2023年3月31日まで	25％	25％
2023年4月1日以降	25％	50％

（注）時間外労働とは、1日8時間・1週40時間を超える労働をいう。

第3章

3ヶ月フレックスタイム制

1　改正の内容

(1) フレックスタイム制とは

　会社は、業務を効率的・組織的に行うため、就業規則で、始業時刻、終業時刻および所定労働時間を決めている。例えば、始業・午前9時、終業・午後6時、1日8時間労働というように決めている。

　始業時刻より1分でも遅れると「遅刻」、終業時刻より1分でも早く退社すると、「早退」となる。また、始業時刻から終業時刻までまったく労働をしないと、「欠勤」扱いとなる。

　これに対して、フレックスタイム制は、「労働時間を清算する期間（清算期間）」と「清算期間の所定労働時間」だけを決め、
　　・何時から何時まで労働するか
　　・1日何時間労働するか
を、社員自身に自由に決めさせるという、柔軟な制度である。

　一定期間が経過したら、労働時間を清算する。

　フレックスタイム制は、社員の自主性・主体性を尊重する働き方である。

(2) 改正の内容

これまで、労働時間の清算期間は、「1ヶ月以内」とされてきた。

しかし、今回の法改正により、「多様な働き方を推進する」という観点から、清算期間が「3ヶ月以内」に拡大された。

図表1　法改正の概要

① 労働時間の清算期間を3ヶ月以内とする。
② 清算期間を、その開始日から1ヶ月ごとに区分した各期間ごとに、その期間を平均し、1週間当たりの労働時間が50時間を超えない範囲で労働させることができる。
③ 1ヶ月を平均し、1週間当たりの労働時間が50時間を超えたときは、超えた時間に対して法定の割増賃金を支払わなければならない。
④ 清算期間が1ヶ月を超える場合には、労使協定を労働基準監督署に届け出なければならない。

(3) 施行日

3ヶ月フレックスタイム制は、2019年4月1日から施行される。

2　3ヶ月フレックスタイム制の制度設計

(1) 対象者の範囲

　フレックスタイム制は、労働時間の清算期間と、清算期間の所定労働時間だけを決め、
　　・毎日の始業時刻、終業時刻
　　・1日の労働時間数（1日何時間働くか）
　　・1週の労働時間数（1週何時間働くか）
　　・1ヶ月の労働時間数（1ヶ月何時間働くか）
は、各人の自由に委ねるという柔軟な労働時間制度である。
　このため、どの業務にも適用できるというものではない。
　複数の部品を一定の順序に従って次々と組み立てて、最終的に1つの製品を完成させるという、流れ作業方式を採用している生産現場に適用したら、生産業務に著しい支障が生じる。したがって、生産・製造業務は、フレックスタイム制は適していない。
　また、不特定多数の消費者を相手とする小売業、サービス業および飲食業なども、消費者がいつ来店するか分からない。来店したときは、即座に対応できるように、従業員は常に待機していなければならない。このため、フレックスタイム制にはなじまない。
　フレックスタイム制が適しているのは、図表2に示す条件を満たす業務である。

図表2　フレックスタイム制が適している業務

①	各人の業務分担が独立的に決められている
②	業務遂行について社員の裁量性が大きい（仕事の進め方や時間配分などについて、会社の方で細かい指示を出さない）

(2) 労働時間の清算期間

3ヶ月フレックスタイム制の場合は、「3ヶ月」がいつからいつまでかを明確にすることが必要である。

3ヶ月の区分は、次のとおりとするのが適切であろう。
・第1四半期　　4月1日～6月30日
・第2四半期　　7月1日～9月30日
・第3四半期　　10月1日～12月31日
・第4四半期　　1月1日～3月31日

(3) 清算期間の区分

改正労働基準法は、清算期間（3ヶ月）を1ヶ月ごとに区分することを求めている。このため、例えば、次のように区分する。

図表3　清算期間の区分

第1四半期	4月1日～4月30日 5月1日～5月31日 6月1日～6月30日
第2四半期	7月1日～7月31日 8月1日～8月31日 9月1日～9月30日
第3四半期	10月1日～10月31日 11月1日～11月30日 12月1日～12月31日
第4四半期	1月1日～1月31日 2月1日～2月28日 3月1日～3月31日

(4) 1日の標準労働時間

1日の標準労働時間を決める。

社員が次のいずれかに該当するときは、標準労働時間労働したもの

とみなす。
・年次有給休暇その他の有給休暇を取得したとき
・社外で業務に従事し、労働時間を算定しがたいとき

(5) 清算期間の所定労働時間

　清算期間における所定労働時間の決め方には、主として、次の2つがある。
　① 「1日の標準労働時間（8時間）×3ヶ月の所定労働日数」という形で決める
　② 3ヶ月を平均し、1週の労働時間を40時間とする」という形で決める

　このうち、「3ヶ月を平均し、1週の労働時間を40時間とする」という形で所定労働時間を決める場合、3ヶ月の所定労働時間を具体的に算定すると、次のとおりである。

図表4　3ヶ月の所定労働時間

・3ヶ月の歴日数が90日の場合➡（40時間×90）÷7＝514.2時間
・3ヶ月の歴日数が91日の場合➡（40時間×91）÷7＝520時間
・3ヶ月の歴日数が92日の場合➡（40時間×92）÷7＝525.7時間

(6) 時間外労働手当の支払い

　改正労働基準法は、「清算期間を、その開始日から1ヶ月ごとに区分した各期間ごとに、その期間を平均し、1週間当たりの労働時間が50時間を超えない範囲で労働させることができる」と定めている。
　このため、1ヶ月の実労働時間の平均が週50時間を超えたときは、その超えた時間に対して時間外労働手当を支払う。
　「1ヶ月を平均して週の労働時間が50時間を超える時間」は、次のように計算される。
　・28日の月 ➡（50×28日）÷7＝200時間

- 30日の月 ➡ （50×30日）÷7＝214.2時間
- 31日の月 ➡ （50×31日）÷7＝221.4時間

例えば、暦日数が30日の月に、240時間労働したときは、「240時間」と「214.2時間」との差に対して、時間外労働手当を支払う。

様式1　時間外労働手当支払通知
○例1

○○部○○課
○○○○殿

人事課長

時間外労働手当支払通知

1	対象年月	○○年○○月
2	当月の実労働時間	○○時間
3	当月の法定限度時間	○○時間
4	実労働時間が法定労働時間を超える時間（2－3）	○○時間
5	上記に対する時間外労働手当	○○円
6	手当の支払日	○○月○○日

以上

（注）「法定限度時間」とは、1ヶ月を平均し、週の労働時間が50時間となる時間をいう。

○例2

```
○○部○○課
○○○○殿
                                              人事課長
                    時間外労働手当支払通知
あなたの○○年○○月の労働時間は、法定限度時間を超えたため、次
のとおり、時間外労働手当を支払います。
```

1	当月の実労働時間	○○時間
2	当月の法定限度時間	○○時間
3	実労働時間が法定限度時間を超える時間（1−2）	○○時間
4	上記に対する時間外労働手当	○○円

以上

(注)「法定限度時間」とは、1ヶ月を平均し、週の労働時間が50時間となる時間をいう。

(7) 人事部門への労働時間の報告

　会社は、1ヶ月の平均労働時間が週50時間を超えた者に対して、時間外労働手当を支払うことが必要である。

　一方、フレックスタイム制適用社員の労働時間の状況を正確に把握できるのは、現場の役職者である。

　このため、現場の役職者に対して、部下の労働時間の実績を毎月、人事部門に報告させるのがよい。

様式2　人事部門への労働時間報告

```
人事課長殿
                                          ○○課長
       フレックスタイム制社員の労働時間の報告（○○年○○月）
```

氏名	労働時間	休日労働時間	計	備考

以上

(8) 労働時間の清算

　社員は、清算期間において、時間配分をよく考え、その所定労働時間だけ労働することが望ましい。しかし、実際には、清算期間中の実労働時間と所定労働時間との間に過不足が生じる。

　実労働時間が所定労働時間を超過したときは、その超過時間を時間外労働として取り扱い、時間外労働手当を支払う。ただし、1ヶ月を平均して週50時間を超えた月については、その超えた時間に対して時間外労働手当が支払われるため、除くものとする。

　逆に、実労働時間が所定労働時間に不足したときは、
　・その不足時間を次の清算期間に繰り越す
　・不足分に相応する給与をカットする
のいずれかの措置を講じる。

図表5　不足時間の取り扱い

	例
不足時間を次の清算期間に繰り越す	所定労働時間に30時間不足したときは、30時間を次の清算期間に繰り越す
不足時間に相応する給与をカットする	所定労働時間に20時間不足したときは、基本給の20時間分をカットする

様式3　労働時間の清算通知書

〇〇年〇〇月〇〇日

〇〇部〇〇課

〇〇〇〇殿

人事課長

労働時間の清算通知

1　労働時間の過不足

	所定労働時間	実労働時間	過不足	備考
〇月	**		**	
〇月	**		**	
〇月	**		**	
計				

2　労働時間の清算

　□　超過分に対して時間外労働手当を支払う

　□　1ヶ月の平均が週50時間を超える分について、時間外労働手当を支払う

　□　不足分を次の清算期間に繰り越す

以上

(9) コアタイム

　フレックスタイム制は、社員自身に始業・終業時刻を決めさせる制度であるが、社員への業務上の指示命令や相互の情報交換などのために、コアタイム（必ず勤務しているべき時間帯）を設けるのが一般的である。

　職場の秩序の維持、役職者による部下の業務管理、社員相互の情報交換の円滑化という観点からコアタイムを設けることとし、その時間帯を具体的に定める。

　コアタイムにまったく勤務しなかったときは、欠勤、開始時刻に遅れたときは、遅刻とし、終了時刻の前に退社するときは、早退とする。

　社員に対し、
　・欠勤、遅刻、早退をしないこと
　・欠勤、遅刻、早退をするときは、あらかじめ届け出ること
を周知徹底する。

様式4　欠勤・遅刻・早退届

```
                                        ○○年○○月○○日
   所属長殿
                                        ○○課○○○○印

                       欠勤・遅刻・早退届
                    （□欠勤　□遅刻　□早退）
```

月日	
遅刻・早退	（始業時刻）○時○分 （終業時刻）○時○分
事由	

備考	

以上

（注）事前に届け出ること。事前に届け出ることができないときは、事後速やかに届け出ること。

（10）フレキシブルタイム

出勤・退勤の時間帯をフレキシブルタイムという。

職場の秩序を保ちつつ、業務を効率的・組織的に進めるため、フレキンフレキシブルタイムを設けることとし、その時間帯を定める。

なお、コアタイムを設けないときは、「勤務時間帯」を決め、その勤務時間帯の任意の時刻から任意の時刻まで勤務させる。

例えば、勤務時間帯を「午前8〜午後8時」と決め、任意の時刻から任意の時刻まで勤務させる。

図表6　コアタイムとフレキシブルタイムの例

コアタイム	午前10〜午後3時
フレキシブルタイム	・始業時間帯 午前8〜10時 ・終業時間帯 午後3〜7時

（11）勤務時間の単位

勤務時間については、「15分単位」「30分単位」というように、一定の単位を決めるのが現実的であろう。

単位は特に設けず、各社員の自由に委ねるというのは、あまり現実的ではない。

(12) フレキシブルタイム外の勤務の許可

　社員は、次の場合には、あらかじめ会社の許可を得なければならないものとする。
　・始業時間帯の開始前または終業時間帯の終了後に勤務するとき
　・休日に勤務するとき

様式5　フレキシブルタイム外・休日勤務許可願い

```
                                           ○○年○○月○○日
  所属長殿
                                           ○○課○○○○印

              フレキシブルタイム外・休日勤務許可願い
             （□フレキシブルタイム外勤務　□休日勤務）
```

月日	
勤務時間	○時○分～○時○分
業務の内容	
備考	

以上

3　3ヶ月フレックスタイム制規程

　3ヶ月フレックスタイム制を実施するときは、その内容を社内規程として定めっることが望ましい。そして、その規程に従って、制度を運営していく。
　社内規程の例を示すと、次のとおりである。

○規程例1　標準的なもの

フレックスタイム規程
第1章　総則

（総則）
第1条　この規程は、フレックスタイム制について定める。
（法令との関係）
第2条　フレックスタイム制についてこの規程に定めのない事項は、
　　　労働基準法の定めるところによる。
（適用対象者の範囲）
第3条　この規程は、次の部門に所属する総合職の社員に適用する。
　　　事務部門／企画部門／営業部門／研究開発部門

第2章　労働時間の清算期間と労働時間

（労働時間の清算期間）
第4条　労働時間の清算期間は、3ヶ月とし、その区分は次のとおりとする。
　　　（1）第1四半期　　4月1日～6月30日
　　　（2）第2四半期　　7月1日～9月30日
　　　（3）第3四半期　　10月1日～12月31日
　　　（4）第4四半期　　1月1日～3月31日

2　第1四半期は4月、5月、6月、第2四半期は7月、8月、9月、第3四半期は10月、11月、12月、第4四半期は1月、2月、3月の各月に区分して時間管理を行う（各月とも、1日を初日とする1ヶ月とする）。

（標準労働時間）

第5条　1日の標準労働時間は、8時間とする。

2　フレックスタイム制を適用される者（以下、単に「社員」という。）が次のいずれかに該当するときは、標準労働時間勤務したものとみなす。

　　（1）年次有給休暇その他の有給休暇を取得したとき
　　（2）社外で業務に従事し、労働時間を算定しがたいとき

（清算期間の所定労働時間）

第6条　清算期間の所定労働時間は、次の算式によって得られる時間とする。

　　清算期間の所定労働時間＝8時間×その清算期間の所定労働日数

（時間外労働手当の支払い）

第7条　1ヶ月を平均して週の労働時間が50時間を超えたときは、その超えた時間を時間外労働として取り扱い、時間外労働手当を支払う。

（労働時間の清算）

第8条　清算期間において、実労働時間が所定労働時間を超過したときは、その超過時間を時間外労働として取り扱い、時間外労働手当を支払う。ただし、前条の定めるところにより時間外労働として取り扱った時間は、除くものとする。

2　実労働時間が所定労働時間に不足したときは、その不足時間を次の清算期間に繰り越す。ただし、不足時間が30時間を超えるときは、30時間を超える分に相応する給与をカットする。

3　不足時間を発生させたときは、次の清算期間において、その不足時間を解消するように努めなければならない。

第3章　コアタイムとフレキシブルタイム

（コアタイム・休憩時間）

第9条　コアタイムおよび休憩時間は、次のとおりとする。

　　（コアタイム）午前10〜午後3時

　　（休憩時間）正午から1時間

2　コアタイム中は、必ず勤務していなければならない。

（フレキシブルタイム）

第10条　フレキシブルタイムは、次のとおりとする。

　　（始業時間帯）午前8時〜10時

　　（終業時間帯）午後3時〜8時

2　始業時刻および終業時刻は、各人の決定に委ねる。

3　職場への入場および退場に当たっては、他の社員の職務に影響を与えないように配慮しなければならない。

（遅刻・早退・欠勤）

第11条　コアタイムの開始時刻に遅れて始業したときは遅刻、コアタイムの終了時刻の前に終業したときは早退とする。

2　コアタイムにまったく勤務しなかったときは、欠勤とする。

3　遅刻、早退または欠勤をするときは、あらかじめ会社に届け出なければならない。

（勤務時間の単位）

第12条　勤務時間の単位は、15分とする。

（許可）

第13条　社員は、次の場合には、あらかじめ会社の許可を得なければならない。

　　（1）始業時間帯の開始前または終業時間帯の終了後に勤務するとき

　　（2）休日に勤務するとき

2　事前に許可を得ていないものについては、原則として勤務時間とはみなさない。

（勤務時間の指定）
第14条　会社は、緊急事態の発生その他業務上必要であると認めるときは、フレックスタイム制度の適用を停止し、特定時刻から特定時刻までの勤務を命令することがある。

　　　　　　　第4章　社員の心得

（労働時間の決定基準）
第15条　社員は、次の事項をよく考えて日々の始業時刻、終業時刻および労働時間を決定しなければならない。
　　（1）業務の量
　　（2）業務の緊急性
　　（3）共同で業務を遂行する場合には、相手方の都合
　　（4）会議が予定されているときは、その時間帯
　　（5）その他必要な事項
（出社予定時刻の記入）
第16条　社員は、退社するときに、翌日の出社予定時刻を職場の黒板に記入しなければならない。
（業務報告）
第17条　社員は、業務の進捗状況を適宜適切に所属長に報告しなければならない。
（付則）
この規程は、○○年○○月○○日から施行する。

○規程例2　コアタイムを設けないもの

フレックスタイム規程

（総則）
第1条　この規程は、フレックスタイム制について定める。
（法令との関係）
第2条　フレックスタイム制についてこの規程に定めのない事項は、労働基準法の定めるところによる。
（適用対象者の範囲）
第3条　この規程は、次の部門に所属する総合職の社員に適用する。
事務部門／企画部門／営業部門／研究開発部門
（労働時間の清算期間）
第4条　労働時間の清算期間は、3ヶ月とし、その区分は次のとおりとする。
　　（1）第1四半期　　4月1日～6月30日
　　（2）第2四半期　　7月1日～9月30日
　　（3）第3四半期　　10月1日～12月31日
　　（4）第4四半期　　1月1日～3月31日
2　第1四半期は4月、5月、6月、第2四半期は7月、8月、9月、第3四半期は10月、11月、12月、第4四半期は1月、2月、3月の各月に区分して時間管理を行う（各月とも、1日を初日とする1ヶ月とする）。
（標準労働時間）
第5条　1日の標準労働時間は、8時間とする。
2　フレックスタイム制を適用される者（以下、単に「社員」という。）が次のいずれかに該当するときは、標準労働時間勤務したものとみなす。
　　（1）年次有給休暇その他の有給休暇を取得したとき
　　（2）社外で業務に従事し、労働時間を算定しがたいとき

（清算期間の所定労働時間）
第6条　清算期間の所定労働時間は、次の算式によって得られる時間とする。
　　清算期間の所定労働時間＝8時間×その清算期間の所定労働日数
（時間外労働手当の支払い）
第7条　1ヶ月を平均して週の労働時間が50時間を超えたときは、その超えた時間を時間外労働として取り扱い、時間外労働手当を支払う。
（労働時間の清算）
第8条　清算期間において、実労働時間が所定労働時間を超過したときは、その超過時間を時間外労働として取り扱い、時間外労働手当を支払う。ただし、前条の定めるところにより時間外労働として取り扱った時間は、除くものとする。
2　実労働時間が所定労働時間に不足したときは、その不足時間を次の清算期間に繰り越す。ただし、不足時間が30時間を超えるときは、30時間を超える分に相応する給与をカットする。
3　不足時間を発生させたときは、次の清算期間において、その不足時間を解消するように努めなければならない。
（勤務時間帯）
第9条　勤務時間帯は、次のとおりとする。
　　（勤務時間帯）午前8時～午後8時
2　社員は、勤務時間帯の任意の時刻から任意の時刻まで勤務するものとする。
3　職場への入場および退場に当たっては、他の社員の職務に影響を与えないように配慮しなければならない。
（欠勤）
第10条　勤務時間帯にまったく勤務しなかったときは、欠勤とする。
2　欠勤をするときは、あらかじめ会社に届け出なければならない。

(勤務時間の単位)
第11条　勤務時間の単位は、15分とする。
(許可)
第12条　社員は、次の場合には、あらかじめ会社の許可を得なければならない。
　（１）勤務時間帯の前または後に勤務するとき
　（２）休日に勤務するとき
(勤務時間の指定)
第13条　会社は、緊急事態の発生その他業務上必要であると認めるときは、フレックスタイム制度の適用を停止し、特定時刻から特定時刻までの勤務を命令することがある。
(服務心得)
第14条　社員は、次の事項に留意して、業務を遂行しなければならない。
　（１）労働時間を有効に活用して、業務を効率的に遂行すること
　（２）業務の繁閑および緊急性等を勘案して、日々の労働時間を決めること
　（３）業務の進捗状況を適宜適切に所属長に報告すること
(付則)
この規程は、○○年○○月○○日から施行する。

○規程例3　全社員に適用し、かつ、清算期間が2ヶ月のもの

フレックスタイム規程

（総則）

第1条　この規程は、フレックスタイム制について定める。

（法令との関係）

第2条　フレックスタイム制についてこの規程に定めのない事項は、労働基準法の定めるところによる。

（適用対象者の範囲）

第3条　この規程は、すべての社員に適用する。ただし、次に掲げる者は、除く。

　　（1）課長以上の役職者

　　（2）役員秘書

　　（3）勤続1年未満の者

（労働時間の清算期間）

第4条　労働時間の清算期間は、4月1日、6月1日、8月1日、10月1日、12月1日、および2月1日から始まる2ヶ月とする。

2　いずれの期間も、1ヶ月ごとに区分して時間管理を行う（各月とも、1日を初日とする1ヶ月とする）。

（標準労働時間）

第5条　1日の標準労働時間は、8時間とする。

2　フレックスタイム制を適用される者（以下、単に「社員」という。）が次のいずれかに該当するときは、標準労働時間勤務したものとみなす。

　　（1）年次有給休暇その他の有給休暇を取得したとき

　　（2）社外で業務に従事し、労働時間を算定しがたいとき

（清算期間の所定労働時間）

第6条　清算期間の所定労働時間は、次の算式によって得られる時間とする。

清算期間の所定労働時間＝8時間×その清算期間の所定労働日数
（時間外労働手当の支払い）
第7条　1ヶ月を平均して週の労働時間が50時間を超えたときは、その超えた時間を時間外労働として取り扱い、時間外労働手当を支払う。
（労働時間の清算）
第8条　清算期間において、実労働時間が所定労働時間を超過したときは、その超過時間を時間外労働として取り扱い、時間外労働手当を支払う。ただし、前条の定めるところにより時間外労働として取り扱った時間は、除くものとする。
2　実労働時間が所定労働時間に不足したときは、その不足時間を次の清算期間に繰り越す。ただし、不足時間が30時間を超えるときは、30時間を超える分に相応する給与をカットする。
3　不足時間を発生させたときは、次の清算期間において、その不足時間を解消するように努めなければならない。
（コアタイム・休憩時間）
第9条　コアタイムおよび休憩時間は、次のとおりとする。
　　　（コアタイム）午前10〜午後3時
　　　（休憩時間）正午から1時間
2　コアタイム中は、必ず勤務していなければならない。
（フレキシブルタイム）
第10条　フレキシブルタイムは、次のとおりとする。
　　　（始業時間帯）午前8時〜10時
　　　（終業時間帯）午後3時〜8時
2　始業時刻および終業時刻は、各人の決定に委ねる。
3　職場への入場および退場に当たっては、他の社員の職務に影響を与えないように配慮しなければならない。
（遅刻・早退・欠勤）
第11条　コアタイムの開始時刻に遅れて始業したときは遅刻、コアタ

イムの終了時刻の前に終業したときは早退とする。
2　コアタイムにまったく勤務しなかったときは、欠勤とする。
3　遅刻、早退または欠勤をするときは、あらかじめ会社に届け出なければならない。

（勤務時間の単位）
第12条　勤務時間の単位は、15分とする。

（許可）
第13条　社員は、次の場合には、あらかじめ会社の許可を得なければならない。
　　（1）始業時間帯の開始前または終業時間帯の終了後に勤務するとき
　　（2）休日に勤務するとき
2　事前に許可を得ていないものについては、原則として勤務時間とはみなさない。

（勤務時間の指定）
第14条　会社は、緊急事態の発生その他業務上必要であると認めるときは、フレックスタイム制度の適用を停止し、特定時刻から特定時刻までの勤務を命令することがある。

（服務心得）
第15条　社員は、次の事項に留意して、業務を遂行しなければならない。
　　（1）労働時間を有効に活用して、業務を効率的に遂行すること
　　（2）業務の繁閑および緊急性等を勘案して、日々の労働時間を決めること
　　（3）業務の進捗状況を適宜適切に所属長に報告すること

（付則）
この規程は、○○年○○月○○日から施行する。

4　3ヶ月フレックスタイム制の労使協定

(1) 労使協定の締結と届出

　フレックスタイム制を実施するときは、労働組合（労働組合がないときは、社員の過半数を代表する者）との間において、労使協定を結ぶことが必要である。
　1ヶ月フレックスタイム制の場合は、労使協定を労働基準監督署に届け出る必要はない。しかし、3ヶ月フレックスタイム制の場合には、労使協定を労働基準監督署に届け出なければならない。

図表7　労使協定の締結と届出

協定の項目	労働基準監督署への届出
1　対象者 2　労働時間の清算期間 3　清算期間中の所定労働時間 4　1日の標準労働時間 5　コアタイムを設けるときは、その時間帯 6　フレキシブルタイムを設けるときは、その時間帯	労使協定を労働基準監督署に届け出ることが必要

(2) 労使協定の例

　3ヶ月フレックスタイム制に関する労使協定の例を示すと、次のとおりである。

3ヶ月フレックスタイム制に関する労使協定

○○年○○月○○日
○○株式会社取締役社長○○○○印
○○労働組合執行委員長○○○○印

○○株式会社（以下、単に「会社」という。）と○○労働組合（以下、単に「組合」という。）とは、3ヶ月フレックスタイム制に関して、次のとおり協定する。

1　3ヶ月フレックスタイム制の内容

1	対象者	次の部門に所属する総合職の社員。 ・事務部門 ・企画部門 ・営業部門 ・研究開発部門
2	労働時間の清算期間	1　労働時間の清算期間は、3ヶ月とする。 2　3ヶ月の区分は次のとおりとする。 　第1四半期　　4月1日～6月30日 　第2四半期　　7月1日～9月30日 　第3四半期　　10月1日～12月31日 　第4四半期　　1月1日～3月31日 3　第1四半期は4月、5月、6月、第2四半期は7月、8月、9月、第3四半期は10月、11月、12月、第4四半期は1月、2月、3月の各月に区分する。 4　各月とも、1日を初日とする1ヶ月とする。
3	所定労働時間	8時間×3ヶ月間の所定労働日数
4	1日の標準労働時間	8時間
5	コアタイム	午前10時～午後3時（正午～午後1時は休憩時間）
6	フレキシブルタイム	始業時間帯　午前8時～10時 終業時間帯　午後3時～8時

2　協定の有効期間

　この労使協定の有効期間は、○○年○○月○○日から1年とする。満了日の1ヶ月前までに、会社、組合のいずれからも申出のないときは、さらに1年有効とし、以降も同様とする。

5　3ヶ月フレックスタイム制のメリットと問題点

(1) フレックスタイム制のメリット

フレックスタイム制は、
・勤務時間について社員の自主性を尊重するので、勤労意欲の向上を図れる
・勤務の実態に即して勤務時間を合理的に活用できる
・勤務時間の合理的な活用により、時間外労働の削減を図れる
・仕事の繁閑に応じて労働時間を決めることにより、時間外労働を削減できる
・時間外労働の削減により、時間外労働手当の支給額を減らせる
など、さまざまなメリットを有している。

通常の勤務時間制度の場合には、始業時刻に1分でも遅れると、遅刻扱いとなる。このため、社員には「始業時刻までにタイムカードを押さなければならない」という緊張感・圧迫感がある。

しかし、フレックスタイム制の場合には、始業時間帯が幅広く設定されているので、気分的には楽である。緊張感にとらわれることはない。この点も、メリットと評価できる。

(2) フレックスタイム制の問題点

しかし、問題点も指摘されている。

問題点の一つは、「役職者による部下の業務管理が難しくなる」ということである。

役職者は、部門の業務を円滑に遂行する責任を負っている。その責任を果たすためには、部下が全員同じ時刻に出勤し、終業時刻まで全員一緒に勤務するのが、なにかと好都合である。

ところが、フレックスタイム制の場合には、部下がバラバラに出社し、バラバラに退社するので、部下の業務管理が通常の勤務時間制度に比べて相当に手間がかかることになる。

　さらに、始業時間帯・終業時間帯が社員によって異なることの結果として、職場の一体感・連帯感が薄くなるという問題もある。「全員一致団結して働き、部門の業務目標を達成しよう」「互いに協力協調して、部門の業績を確実に向上させよう」という空気を醸成するのが難しくなる。

　このため、3ヶ月フレックスタイム制を導入するときは、あらかじめ役職者の意見を十分に聴くことが望ましい。

図表8　3ヶ月フレックスタイム制のメリットと問題点

メリット	問題点
○　勤務時間について社員の自主性を尊重するので、勤労意欲の向上を図れる ○　勤務の実態に即して勤務時間を合理的に活用できる ○　社員の時間意識を高め、業務の効率化と生産性の向上を図れる ○　始業・終業時刻の規制が緩和されるので、精神的なゆとりを高められる ○　労働時間の有効活用により、時間外労働を削減できる ○　時間外労働の削減により、時間外労働手当の支給額を減らせる	●　出社時刻、退社時刻が社員によってバラバラになるため、役職者による部下の業務管理、勤務管理が面倒になる ●　職場の一体感と連帯意識の維持が難しくなる ●　職場内のコミュニケーション、情報交換が滞る可能性がある

第4章
年次有給休暇の時季指定

1　時季指定による付与の義務化

(1) 年休取得の現状

　年休は、労働に伴う疲労の回復と健康の維持、心身のリフレッシュ、家族との団欒、スポーツ・娯楽活動等の享受による生活の充実などのために、労働者に付与される有給の休暇である。

　労働者は、労働基準法で定められた日数の年休を100％取得することが望ましい。欧米の先進国では、年休はほぼ100％取得されているといわれる。

　しかし、日本では、「会社や同僚に迷惑を掛ける」「休むと、後で仕事が忙しくなる」「仲間が働いているのに、自分だけ仕事から離れるのは申し訳ない」などの理由で、年休を取得しない者が相当いる。中には、「年休を取得すると、昇給や賞与の支給のための人事考課で厳しく査定されるのではないか」という心配から、年休を取得しない者もいる。このため、年休の取得率は、50％程度にとどまっている。

(2) 労働基準法の改正

　働き方改革関連法で労働基準法の改正が行われ、年休を10日以上付

与されている労働者に対し、5日については時季を定めて与えなければならないことになった（労働者自身の時季指定や計画的付与制度によって付与された年休の日数分については、5日から控除される）。

○改正労働基準法第39条第7項・第8項の定め

> 使用者は、年次有給休暇の日数が10日以上の労働者に対し、年次有給休暇のうち5日については、年次有給休暇の付与後、1年以内の期間に時季を定めて与えなければならない。ただし、労働者の時季指定又は計画的付与制度により年次有給休暇を与えた場合は当該与えた日数分については、使用者は、時季を定めて与えることを要しない。

図表1　会社が時季指定する日数

- 原則➡5日
- 労働者の時季指定、または計画的付与で与えた年休が1日あるとき➡4日
- 労働者の時季指定、または計画的付与で与えた年休が2日あるとき➡3日
- 労働者の時季指定、または計画的付与で与えた年休が3日あるとき➡2日
- 労働者の時季指定、または計画的付与で与えた年休が4日あるとき➡1日
- 労働者の時季指定、または計画的付与で与えた年休が5日あるとき➡ゼロ

(3) 労働者の意見の聴取等

法律案要綱の段階では、時季指定について、厚生労働省令で次のことを定めるとされていた。

① 労働者に対して時季に関する意見を聴くこと
② 時季に関する労働者の意見を尊重するように努めること
③ 労働者の年次有給休暇の取得状況を確実に把握するため、年次有給休暇の管理簿を作成しなければならないこと

(4) 施行日

時季指定の施行日は、2019年4月1日である。

(5) 罰則

時季指定に違反すると、30万円以下の罰金に処せられる。

2　就業規則の変更

　休暇は、重要な労働条件の一つである。このため、就業規則の記載事項とされている。

　年次有給休暇の時季指定の義務化は、年次有給休暇制度の重要な変更である。したがって、「年次有給休暇の付与日数が10日以上の者については、そのうちの5日は、付与日から1年以内に、時季を指定して与える。ただし、本人による時季指定または計画的付与制度によって付与した日数があるときは、その日数を5日から控除する」旨を就業規則に書き込む。

図表2　就業規則の変更

現行	変更例
（年次有給休暇） 第○条　6ヶ月以上継続して勤務し、かつ、労働日の8割以上出勤した者に対し、次の日数の休暇を与える。 　　勤続6ヶ月以上　　　10日 　　勤続1年6ヶ月以上　11日 　　勤続2年6ヶ月以上　12日 　　勤続3年6ヶ月以上　14日 　　勤続4年6ヶ月以上　16日 　　勤続5年6ヶ月以上　18日 　　勤続6年6ヶ月以上　20日 2　年次有給休暇は、本人が請求した時季に与える。ただし、請求された時季に与えると、業務の正常な運営に支障が生じる場合には、他の時季に変更することがある。	（年次有給休暇） 第○条　6ヶ月以上継続して勤務し、かつ、労働日の8割以上出勤した者に対し、次の日数の休暇を与える。 　　勤続6ヶ月以上　　　10日 　　勤続1年6ヶ月以上　11日 　　勤続2年6ヶ月以上　12日 　　勤続3年6ヶ月以上　14日 　　勤続4年6ヶ月以上　16日 　　勤続5年6ヶ月以上　18日 　　勤続6年6ヶ月以上　20日 2　年次有給休暇は、本人が請求した時季に与える。ただし、請求された時季に与えると、業務の正常な運営に支障が生じる場合には、他の時季に変更することがある。 3　年次有給休暇のうちの5日については、付与日から1年以内に、時季を指定して与える。ただし、本人の時季指定または計画的付与制度により付与した日数があるときは、その日数を控除する。

（年次有給休暇） 第〇条　6ヶ月以上継続勤務し、かつ、所定労働日の8割以上労働した者については、法令に定める日数の有給休暇を与える。 2　年次有給休暇を取得するときは、その前日までに会社に届け出なければならない。 3　請求された時季に年次有給休暇を与えると、業務の正常な運営に支障が生じる場合には、他の時季に変更することがある。	（年次有給休暇） 第〇条　6ヶ月以上継続勤務し、かつ、所定労働日の8割以上労働した者については、法令に定める日数の有給休暇を与える。 2　年次有給休暇を取得するときは、その前日までに会社に届け出なければならない。 3　請求された時季に年次有給休暇を与えると、業務の正常な運営に支障が生じる場合には、他の時季に変更することがある。 4　年次有給休暇の付与日数が10日以上の者については、そのうちの5日について、付与日から1年以内に、時季を指定して与える。ただし、本人の時季指定または計画的付与制度により付与した日数があるときは、その日数を5日から控除する。

3 年休の時季指定(計画的付与)制度の設計と運用

(1) 時季指定(計画的付与)の方法

社員に対する年休の時季指定(計画的付与)には、実務的に、図表3に示すように3つの方法がある。

全社員一斉方式の場合には、会社を休業とするので、年休の日数が10日に満たない者(勤続の短い者、パートタイマーなど)の取り扱いを決めることが必要である。

年休の日数が少ない者の取り扱いとしては、
・休業手当を支払う
・特別に有給休暇を付与する
などがある。

図表3 時季指定の方法

① 個人別に時季を指定する
② 同じ期間に全社員一斉に時季を指定して付与する(これにより、夏休みなどを実施し、会社は休業とする)
③ 各部署を2つか3つのグループに分け、グループごとに時季を指定して休ませる

図表4 各方式の例

	例
個人別時季指定方式	・社員A=8月1〜5日 ・社員B=8月4〜8日 ・社員C=8月7〜11日 ・社員D=8月10〜14日 ・社員E=8月13〜17日

全社員一斉時季指定方式	8月1〜5日
グループ別時季指定方式	・Aグループ＝8月1〜5日 ・Bグループ＝8月8〜12日

(注) 5日を一括して付与する場合

図表5　各方式のメリットと問題点

	メリット	問題点
個人別時季指定方式	○各人の希望を反映して休暇を決められる ○社員が分散して休むので、業務への影響が少ない	●時季指定に係る会社側の負担が大きい
全社員一斉時季指定方式	○各人の年休を活用して連続休暇（夏休み、年末年始休暇など）を実施できる ○全員が休暇を取るので、気兼ねなく休める	●年休の日数が10日に満たない者の取り扱いに工夫が必要となる
グループ別時季指定方式	○会社を休業とすることなく、夏休みなどを実施できる	

(2) 時季指定日（休暇日）の決定

　各人別時季指定方式の場合には、
　・業務の繁閑（職場全体の忙しさ）
　・各人の希望
を踏まえて、「誰を、いつ休ませるか」を決める。

　会社の立場からすると、積極的・自主的に「○○月○○日に年休を取りたい」と申し出てくれると、大変ありがたい。しかし、職場によっては、そのようなことは期待できない。やはり、役職者の方から「○○月○○日に年休を取得するように」と、時季を指定して休ませ

るのが現実的であろう。

様式1　年休の時季指定通知書
○例1

```
                                          ○○年○○月○○日
○○部○○課
○○○○様
                                                取締役社長
              年休の時季指定通知書
次のとおり、年休の時季を指定します。
　○○月○○日（　）
                                                      以上
```

○例2

```
                                          ○○年○○月○○日
○○部○○課
○○○○様
                                                取締役社長
              年休の時季指定通知書
次のとおり、年休の時季を指定します。
```

1日目	○○月○○日（　）
2日目	○○月○○日（　）
3日目	○○月○○日（　）
4日目	○○月○○日（　）
5日目	○○月○○日（　）

```
                                                      以上
```

○例3

```
                                    ○○年○○月○○日
社員各位
                                         取締役社長

            年休の時季指定通知書（○○年○○月）
次のとおり、年休の時季を指定します。
```

所属	氏名	時季指定日	備考
		○○日（ ）	
		○○日（ ）	
		○○日（ ）	
		○○日（ ）	
		○○日（ ）	
		○○日（ ）	
		○○日（ ）	

以上

○例4

```
                                    ○○年○○月○○日
社員各位
                                         取締役社長

            年休の時季指定通知書（○○年○○月）
次のとおり、年休の時季を指定します。
```

日	曜日	氏名	備考
1			
2			
3			
4			

5		
6		
7		
8		
9		
10		
11		

(以下、略)

(3) 時季指定の日数

　会社が時季を指定する日数は、「5日」とする。

　5日を下回ってもいけないし、5日を上回ってもいけない。

　なお、会社が付与を決めていた日にちの前に、社員自身が日にちを指定して年休を取得することが予想される。

　このように、会社が付与を決めていた日にちの前に、社員自身が日にちを指定して年休を取得したときは、その日数だけ、付与日数を減らす。

　例えば、会社が、8月1日、2日、3日、4日、5日の5日間、ある社員に対して、年休を付与する計画を立てていた場合に、その社員が7月20日、21日の2日間、体調不良のために自らの意思で時季を指定して休暇を取得したとする。この場合には、会社による時季指定の日数は、5日➡3日とする。

図表6　会社の時季指定日の前に、社員自身が時季を指定して年休を取得したとき

- 社員自身が時季を指定して年休を1日、取得したとき ➡ 会社の時季指定日数は4日とする
- 社員自身が時季を指定して年休を2日、取得したとき ➡ 会社の時季指定日数は3日とする
- 社員自身が時季を指定して年休を3日、取得したとき ➡ 会社の時季指定日数は2日とする
- 社員自身が時季を指定して年休を4日、取得したとき ➡ 会社の時季指定日数は1日とする
- 社員自身が時季を指定して年休を5日、取得したとき ➡ 会社の時季指定日数はゼロとする

(4) 時季指定の期間

会社による時季指定は、年休を付与した日から1年の間に行うことが必要である。

(5) 年休の取得

年休の時季指定は、労働基準法で定められた措置である。会社が勝手に実施するものではない。

社員は、会社が時季を指定した日に年休を取得しなければならない。

(6) 年休管理簿の作成

年休の付与、取得、時季指定、繰り越しは、法令の定めるところにより整然と行われることが必要である。このため、年休管理簿を作成する。

様式2　年休管理簿
○例1

氏名	付与日数	繰り越し日数	取得日（実績）	計	備考
○○○					
○○○					
○○○					
○○○					
○○○					
○○○					
○○○					

年休管理簿（○○年度）

○○部○○課

以上

○例2

氏名	○○○○	○○○○	○○○○	○○○○	○○○○
付与月日					
付与日数					
繰り越し分					
計					
4月					
5					
6					
7					
8					
9					
10					
11					
12					
1					
2					
3					
計					

年休管理簿(○○年度)　　○○部○○課

以上

4　年休の時季指定（計画的付与）規程

　年休の時季指定（計画的付与）制度を実施するときは、その取り扱いを「規程」として明文化しておくことが望ましい。
　規程例を示すと、次のとおりである（個人別に付与する場合）。

年次有給休暇の時季指定付与規程

（総則）
第1条　この規程は、年次有給休暇（以下、単に「年休」という。）の時季指定付与について定める。
2　この規程において、「年休の時季指定付与」とは、会社が時季を指定して年休を付与する制度をいう。
（法令との関係）
第2条　年休の時季指定付与について、この規程に定めのない事項は、法令の定めるところによる。
（対象者の範囲）
第3条　年休の時季指定付与の対象者は、年休を10日以上付与された者とする。
（時季指定付与の日数）
第4条　計画的に付与する年休の日数は、5日とする。
（時季を指定して付与する期間）
第5条　時季指定付与の期間は、年休を付与した日から1年間とする。
（時季指定付与表の作成時期と手続き）
第6条　時季を指定して付与する日を定めた時季指定付与表は、部署ごとに、業務の繁閑を勘案し、かつ、付与対象者の意見を聴いて決定する。
2　付与表において定められた付与日の到来前に付与対象者が時季を

指定して年休を取得したときは、その日数を時季指定付与日数から控除する。

（年休の取得義務）

第7条　会社から時季を指定して年休を付与された者は、指定された時季に休暇を取得しなければならない。

（付則）

この規程は、〇〇年〇〇月〇〇日から施行する。

5 年休の時季指定（計画的付与）に関する労使協定

(1) 労使協定の締結

年休について、会社が時季を指定して計画的に付与する場合には、労使協定を締結する。

図表7　協定の内容

付与の方法	協定の内容
・事業場全体の休業による一斉付与の場合	具体的な年休の付与日
・グループ別の付与の場合	具体的な年休の付与日
・個人別の付与の場合	年休付与計画表を作成する時期、手続き

（注）昭和63・1・1　基発1号

(2) 労使協定の例

○　協定例（1）個人別に付与する場合の協定

　　　　　　　　　　　　　　　　　　　　　○○年○○月○○日
　　　　　　　　　　　　　　　　○○株式会社取締役社長○○○○印
　　　　　　　　　　　　　　　　　○○労働組合執行委員長○○○○印
　　　　　　　年次有給休暇の時季指定付与に関する協定

○○株式会社（以下、「会社」という）と○○労働組合（以下、「組合」という）とは、年次有給休暇の時季指定付与に関して、次のとおり協定する。

1　時季指定付与の対象者
　年次有給休暇を10日以上付与された者

2　時季指定付与の日数
　計画的に付与する年次有給休暇の日数は、５日とする。

3　時季を指定して付与する期間
　時季指定付与は、年次有給化を付与した日から１年間とする。

4　時季指定付与表の作成時期と手続き
　（１）時季を指定して付与する日を定めた時季指定付与表は、部署ごとに、業務の繁閑を勘案し、かつ、組合員の意見を聴いて決定する。
　（２）時季指定付与表において定められた付与日の到来前に組合員が時季を指定して年次有給休暇を取得したときは、その日数を時季指定付与日数から控除する。

5　年次有給休暇の取得義務
　会社から年次有給休暇の取得日を指定された組合員は、指定された時季に休暇を取得するものとする。

6　協定の有効期間
　この協定の有効期間は、協定締結日から１年とする。有効期間満了日の１ヶ月前までに、会社・組合のいずれからも申出がなかったときは、さらに１年有効とし、以後も同様とする。

以上

○ 協定例（2）全社員一斉に付与する場合の協定

〇〇年〇〇月〇〇日
〇〇株式会社取締役社長〇〇〇〇印
〇〇労働組合執行委員長〇〇〇〇印

年次有給休暇の時季指定付与に関する協定

〇〇株式会社（以下、「会社」という）と〇〇労働組合（以下、「組合」という）とは、年次有給休暇の時季指定付与に関して、次のとおり協定する。

1　時季指定付与の対象者
　全組合員

2　時季指定付与の日数
　時季を指定して付与する年次有給休暇の日数は、5日とする。

3　時季を指定して付与する時期
　年次有給休暇は、次の期間に全組合員一斉に付与する。この期間、会社は休業とする。
　（期間）8月の第1月曜日から金曜日までの5日間

4　年次有給休暇の日数が10日に満たない者の取り扱い
　年次有給休暇の日数が10日に満たない者については、不足する日数を特別に付与する。

5　年次有給休暇の取得義務
　会社から年次有給休暇の取得時季を指定された組合員は、指定された時季に、有給休暇を取得するものとする。

6　協定の有効期間

　この協定の有効期間は、協定締結日から1年とする。有効期間満了日の1ヶ月前までに、会社・組合のいずれからも申出がないときは、さらに1年有効とし、以後も同様とする。

以上

○　協定例（3）各部署を2つのグループに分けて、交代で付与する場合の協定

○○年○○月○○日
○○株式会社取締役社長○○○○印
○○労働組合執行委員長○○○○印

年次有給休暇の時季指定付与に関する協定

　○○株式会社（以下、「会社」という）と○○労働組合（以下、「組合」という）とは、年次有給休暇の時季指定付与に関して、次のとおり協定する。

1　時季指定付与の対象者
　年次有給休暇を10日以上付与された者

2　時季指定付与の日数
　時季を指定して付与する年次有給休暇の日数は、5日とする。

3　時季を指定して付与する期間
　各部署とも、Aグループ、Bグループの2つに分け、それぞれ次の期間に年次有給休暇を付与する。グループ分けについては、各人の意見を尊重する。
　　Aグループ＝8月の第1月曜日から金曜日までの5日間
　　Bグループ＝8月の第2月曜日から金曜日までの5日間

4　年次有給休暇の取得義務

　組合員は、この協定で定められた時季に、定められた日数の休暇を取得するものとする。

5　協定の有効期間

　この協定の有効期間は、協定締結日から1年とする。有効期間満了日の1ヶ月前までに、会社・組合のいずれからも申出がないときは、さらに1年有効とし、以後も同様とする。

以上

第5章 高度専門職（高度プロフェッショナル）制度

1 働き方改革関連法の定め

(1) 労働時間と成果との関係

　業務の中には、高度の専門的知識または技術を必要とするものがある。例えば、
　　・金融商品の開発の業務
　　・研究開発の業務
　　・経営コンサルタントの業務
などである。
　経済活動の高度化・複雑化などに伴って、そうした業務が増加する傾向にある。
　営業、生産、建設、一般事務といった業務の場合には、「従事した労働時間」と「労働によって得られる成果」との間に密接な関係がある。すなわち、労働時間が長くなればなるほど、成果の量も増える。
　例えば、商品の製造業務の場合、5時間労働するよりも、8時間労働する方が多くの量を製造することができる。
　これに対し、高度の専門的知識・技術を必要とする業務の場合に

は、「従事した時間」と「従事して得た成果」との関連性は、あまり明瞭ではない。従事した時間が長くなればなるほど、高い成果を得ることができるというわけではない。

専門的な業務の場合には、時間よりも、従事する者の専門性（専門的知識・技術のレベル）、独創力、創造性、分析力、解析力といった要素の方が「成果」に大きく影響する。

(2) 働き方改革関連法の定め

働き方改革関連法は、「高度の専門的知識等を必要とし、その性質上従事した時間と従事して得た成果との関連性が通常高くないと認められる業務」について、

① 労使委員会において一定の事項を決議すること
② 労使委員会の決議を行政官庁に届け出ること
③ 対象業務に就く者について、健康管理措置を講じること
④ 本人の同意を得ること

を条件として、労働基準法の次の規定を適用しないことを定めている。

・労働時間
・休憩
・休日労働・深夜労働に対する割増賃金の支払い

この制度を「高度専門職（高度プロフェッショナル）制度」という。

(3) 労使委員会の要件

高度専門職制度は、労使委員会において一定の事項を決議することが要件となっている。

労使委員会とは、「賃金、労働時間その他の労働条件に関する事項ついて調査審議し、その事項について事業主に意見を述べることを目的とする委員会（使用者およびその事業場の労働者を代表する者を構

成員とするものに限る）」である。

図表1　労使委員会の要件

①　賃金、労働時間その他の労働条件に関する事項について調査審議し、その事項について事業主に意見を述べることを目的として、その事業場に設置されるものであること
②　労働組合（労働組合がないときは、労働者の過半数を代表する者）から、任期を定めて指名されている者が委員の過半数以上を占めていること
③　議事録を作成、保存するとともに、労働者に周知すること

（注）平成2・1・29　基発45号、平成15・3・26　基発3600号）

（4）高度専門職制度の対象業務

対象業務は、
　・高度の専門的知識、技術または経験を要すること
　・業務に従事した時間と成果との関連性が強くないこと
という2つの要件を満たすものの中から、厚生労働省令で定めることになっている。

図表2　高度専門職制度の適用対象業務（予定）

・金融商品の開発業務
・金融商品のディーリング業務
・アナリストの業務（企業・市場等の高度な分析業務）
・コンサルタントの業務（事業・業務の企画運営に関する高度な考案または助言の業務）
・研究開発業務

（注）「今後の労働時間法制等の在り方について（建議）」

（5）高度専門職制度の適用対象者

　高度専門職制度の適用対象者は、図表3に示す3つの条件を満たす者に限られている。

図表3　高度専門職制度の適用対象者

①	研究開発など、厚生労働省令で定められた業務に従事すること
②	会社との書面による合意により、職務が明確に定められていること
③	会社から支払われると見込まれる額が厚生労働省令で定める額以上であること（年収1,075万円以上）

(6) 施行日

　高度専門職制度は、2019年4月1日から施行される。

2　労使委員会の決議と決議例

(1) 労使委員会の決議

　高度専門職制度は、「高い年収を支払う代わりに、労働基準法の労働時間等の規定の適用を免除する」という、画期的な制度である。したがって、労働者の意見・意思を取り入れて実施されることが必要である。
　このため、労働基準法は、高度専門職制度を実施する場合には、
① 　労使委員会において一定の事項を、委員の5分の4以上の多数で決議すること
② 　使用者がその決議を行政官庁に届け出ること
を義務付けている。
　労使委員会が設置されていない事業場では、労使委員会を設置することが、高度専門職制度導入の条件となる。

(2) 労使委員会の決議事項

　労使委員会で決議すべき事項は、図表4に示すとおりである。

図表4　労使委員会の決議事項

1　対象業務の内容	
2　対象労働者の範囲	
3　健康管理時間の把握の方法	対象労働者について、「事業場内にいた時間」と「事業場外で労働した時間」の合計時間（「健康管理時間」という）を把握するための方法
4　休日	対象労働者に対して、年104日以上、かつ、4週間を通じて4日以上の休日を与えることを、就業規則等で定めること
5　健康確保の措置	次のうち、いずれかの措置を講ずることを決議する。 ① 始業から24時間以内に、厚生労働省令で定める以上の休息時間を確保し、かつ、深夜業の回数を1ヶ月につき厚生労働省令で定める回数以下とすること ② 健康管理時間を1ヶ月または3カ月について、それぞれ厚生労働省令で定める時間を超えないこと ③ 1年に1回以上、継続した2週間以上の休日（年次有給休暇を除く）を与えること ④ 健康管理時間の状況その他が厚生労働省例で定める要件に該当する労働者に健康診断（疲労の蓄積の状況等を含む）を実施すること
6　健康および福祉を確保するための措置	健康管理時間の状況に応じて、有給休暇の付与、健康診断の実施その他、厚生労働省令で定める措置を使用者が講ずること
7　同意撤回の手続き	高度専門職制度の対象になることに同意した労働者が、その同意を撤回する手続きに関すること
8　苦情処理	対象労働者からの苦情を使用者が講ずること
9　不利益な取り扱いの禁止	使用者は、高度専門職制度の適用に同意しなかった者に対して、解雇その他の不利益な取り扱いをしないこと
10　その他厚生労働省令で定める事項	① 決議の内容を労働基準監督署に届け出ること ② 決議事項4～6までの健康・福祉確保の措置の実施状況を定期的に労働基準監督署に報告すること

(3) 労使委員会の決議の例

労使委員化の決議の例を示すと、次のとおりである。

○**決議例(1)**

〇〇年〇〇月〇〇日
〇〇株式会社労使委員会
(会社側委員)
〇〇〇〇印
〇〇〇〇印
〇〇〇〇印
(労働組合側委員)
〇〇〇〇印
〇〇〇〇印
〇〇〇〇印

高度専門職制度に関する決議

労使委員会は、労働基準法の定めるところにより、高度専門職制度について、委員全員の賛成により、次のとおり決議する。

1　対象業務
　① 研究開発の業務
　② コンサルタントの業務(事業・業務の企画運営に関して、高度の助言を行う業務)

2　対象社員の範囲
　次のいずれにも、該当する社員とする。
　① 高度の専門的知識、技術または経験を持ち、対象業務に従事する者
　② 高度専門職制度の適用に同意した者
　③ 年収が厚生労働省令で定める額以上であることが見込まれる者

3　健康管理時間の把握
　① 会社は、法令の定めるところにより、対象社員について、健康

管理時間（「社内にいた時間」と、「社外で業務に従事した時間」との合計時間）を把握する。
② 「社内にいた時間」は、タイムレコーダーによって把握する。
③ 「社外で業務に従事した時間」は、本人の申告によって把握する。
④ 会社は、把握した健康管理時間を記録し、その記録を一定期間保存する。

4 休日
休日は、一般社員と同様、次のとおりとする。
① 土曜、日曜
② 国民の祝日
③ 年末年始休日（12月28日〜1月3日）

5 健康確保の措置
① 始業から24時間以内に、厚生労働省令で定める以上の休息時間を確保する。
② 深夜業の回数を、1ヶ月につき、厚生労働省令で定める回数以下とする。

6 健康・福祉を確保するための措置
対象社員の健康・福祉を確保するため、対象社員の健康管理時間の状況に応じて、健康診断その他の厚生労働省令で定める措置を講じる。

7 同意撤回の手続き
対象社員が同意を撤回するときは、会社に、同意撤回申出書を提出するものとする。

8 苦情処理
　① 人事部に、対象社員の苦情を受け付ける窓口を設置する。
　② 対象社員は、高度専門職制度についての苦情を人事部に申し出ることができる。
　③ 申出は、口頭、メール、電話、文書その他、方法は問わないものとする。
　④ 人事部は、苦情の申出を受け付けたときは、誠実に対応する。

9 不利益な取り扱いの禁止
　会社は、高度専門職制度の適用に同意しなかった社員に対して、解雇その他の不利益な取り扱いをしないものとする。

10 労働基準監督署への届出と報告
　① 会社は、この決議を労働基準監督署に届け出る。
　② 会社は、決議事項4～6までの健康・福祉確保の実施状況を、法令の定めるところにより、労働基準監督署に報告する。

11 決議の有効期間
　この決議は、○○年○○月○○日から1年間有効とする。

以上

○決議例(2)

○○年○○月○○日
○○株式会社労使委員会
（会社側委員）
○○○○印
○○○○印
○○○○印
（労働組合側委員）
○○○○印
○○○○印
○○○○印

高度専門職制度に関する決議

　労使委員会は、高度専門職制度について、委員全員の賛成により、次のとおり決議する。

1　対象業務の内容	研究開発の業務
2　対象労働者の範囲	次のいずれにも該当する者 ①　対象業務に従事する者 ②　高度専門職制度の適用に同意した者 ③　年間の収入が厚生労働省令で定める額以上であることが見込まれる者
3　健康管理時間の把握の方法	①　会社は、対象労働者について、「事業場内にいた時間」と「事業場外で労働した時間」の合計時間（「健康管理時間」）を把握する。 ②　事業場内にいた時間は、タイムレコーダーによって把握する。 ③　事業場外で労働した時間は、本人の申告による。

4　休日	「高度専門職規程」において、対象労働者の休日を次のとおりとすることを定める。 ①　土曜、日曜 ②　国民の祝日 ③　年末年始（12月28日〜1月3日）	
5　健康確保の措置	1ヶ月の健康管理時間は、○○時間（厚生労働省令で定める時間）を超えないものとすること	
6　健康および福祉を確保するための措置	健康管理時間の状況に応じて、有給休暇の付与、健康診断の実施その他、厚生労働省令で定める措置を講ずること	
7　同意撤回の手続き	①　対象労働者は、いつでも同意を撤回することができる。 ②　同意を撤回するときは、書面により会社に届け出るものとする。 ③　会社は、届出書を受理したときは、高度専門職制度の適用を中止する。	
8　苦情処理	人事部に、対象労働者からの苦情を受け付ける窓口を設ける。	
9　不利益な取り扱いの禁止	会社は、高度専門職制度の適用に同意しなかった者に対して、解雇その他の不利益な取り扱いをしないこと	
10　その他厚生労働省令で定める事項	①　会社は、決議の内容を労働基準監督署に届け出ること ②　会社は、決議事項4〜6までの健康・福祉確保の措置の実施状況を定期的に労働基準監督署に報告すること	

（決議の有効期間）

　この決議は、○○年○○月○○日から1年間有効とする。

以上

○決議例（3）

高度専門職制度に関する決議

　○○株式会社労使委員会は、高度専門職制度について、労働基準法第41条の２の定めるところに従い、委員全員の賛成により、次のとおり決議する。

1　対象業務
　①　○○の業務
　②　○○の業務

2　対象社員の範囲
　対象社員は、次のいずれにも該当し、かつ、高度専門職制度の適用に同意した者とする。
　①　高度の専門的知識、技術または経験を有する者
　②　対象業務に従事する者
　③　年間の給与と賞与の合計額が厚生労働省令で定める額以上の者

3　健康管理時間の把握
　①　会社は、法令の定めるところにより、対象社員について、健康管理時間（「社内にいた時間」と、「社外で業務に従事した時間」との合計時間）を把握する。
　②　「社内にいた時間」は、タイムカードによって把握する。
　③　「社外で業務に従事した時間」は、本人の申告によって把握する。
　④　会社は、把握した健康管理時間を記録に留め、一定期間保存する。

4　休日

休日は、一般社員と同様、次のとおりとする。
① 土曜、日曜
② 国民の祝日
③ 年末年始休日（12月28日～1月3日）

5 健康確保の措置
会社は、適用対象者の健康を確保するため、次の措置を講じる。
① 始業から24時間以内に、厚生労働省令で定める以上の休息時間を確保する。
② 深夜業の回数を、1ヶ月につき、厚生労働省令で定める回数以下とする。
③ 「会社にいる時間」について、1ヶ月の上限時間を設ける。
④ 午後10時以降、会社にいることを原則として禁止する。
⑤ 年次有給休暇の取得を奨励する。

6 健康・福祉を確保するための措置
対象社員の健康・福祉を確保するため、健康診断その他の厚生労働省令で定める措置を講じる。

7 同意撤回の手続き
対象社員が同意を撤回するときは、同意撤回届を会社に提出する。

8 苦情処理
① 人事部に、対象社員の苦情を受け付ける窓口を設置する。
② 対象社員は、高度専門職制度についての苦情を人事部に申し出ることができる。
③ 申出は、口頭、メール、電話、文書その他、方法は問わないものとする。
④ 人事部は、苦情の申出を受け付けたときは、誠実に対応する。

9　不利益な取り扱いの禁止
　会社は、次に掲げる社員に対して、解雇その他の不利益な取り扱いをしないものとする。
　　①　高度専門職制度の適用に同意しなかった者
　　②　高度専門職制度の適用の中止を申し出た者
　　③　高度専門職制度に係る苦情を申し出た者

10　労働基準監督署への届出と報告
　　①　会社は、この決議を労働基準監督署に届け出る。
　　②　会社は、決議事項4～6までの健康・福祉確保の実施状況を、法令の定めるところにより、労働基準監督署に報告する。

11　労使委員会への報告
　会社は、適用対象者に係る次の事項を毎年度、労使委員会に報告する。
　　①　健康管理時間の状況
　　②　年次有給休暇の取得状況
　　③　健康診断の結果の概況

12　決議の有効期間
　この決議は、〇〇年〇〇月〇〇日から1年間有効とする。

以上

〇〇年〇〇月〇〇日
〇〇株式会社労使委員会
（会社側委員）
〇〇〇〇印
〇〇〇〇印
〇〇〇〇印

(労働組合側委員)
　　　　○○○○印
　　　　○○○○印
　　　　○○○○印

3　高度専門職制度の設計

(1) 対象業務

　法令で高度専門職制度の適用が認められている業務の中から、対象業務を決定する。
　ビジネスの世界では、いわゆる「専門的業務」「専門職」といわれる業務は、数多く存在する。経済活動の高度化・複雑化に伴って、専門職が増加する傾向にある。しかし、厚生労働省令で定められている業務以外のものに従事する社員に対して、高度専門職制度を適用することは認められていない。

(2) 適用対象者

　労働基準法は、「高度専門職制度を適用できるのは、年間収入が一定額（1,075万円）以上で、かつ、本人が同意した者に限る」旨、定めている。
　年間収入が500万円、600万円の者や、同意しない者に対して、高度専門職制度を適用することは、法令に違反する。
　適用対象者は、次の３つの要件を満たす者とすることを明確にする。
　①　対象業務に従事する者
　②　高度専門職制度の適用に書面で同意した者
　③　年収1,075万円以上であること
　同意は、書面で取り付けることが必要である。口頭による同意で済ませることは、認められていない。
　高度専門職の人事管理は、法令の定めを遵守して整然と行われることが必要である。このため、適用対象者の名簿を整備しておくことが望ましい。

様式1　同意書

―――――――――――――――――――――――――――
　　　　　　　　　　　　　　　　　　〇〇年〇〇月〇〇日
取締役社長〇〇〇〇殿
　　　　　　　　　　　　　　　　　　　　　〇〇部〇〇課
　　　　　　　　　　　　　　　　　　　　　　〇〇〇〇印

　　　　　　　　高度専門職制度の適用同意書
高度専門職制度の対象となることに同意いたします。
（職務内容）〇〇に関する研究開発の業務
（適用開始年月日）〇〇年〇〇月〇〇日
　　　　　　　　　　　　　　　　　　　　　　　　以上
―――――――――――――――――――――――――――

様式2　高度専門職名簿

―――――――――――――――――――――――――――
　　　　　　　　　　　　　　　　　　　　　　　人事部
　　　　　　　　　　　高度専門職名簿

所属	氏名	同意の年月日	備考

　　　　　　　　　　　　　　　　　　　　　　　　以上
―――――――――――――――――――――――――――

(3) 労働基準法の規定の不適用

　適用対象者には、労働基準法の次の規定は適用しない。
　・労働時間

・休憩
・休日労働の割増賃金の支払い
・深夜業の割増賃金の支払い

(4) 健康管理時間の把握

　適用対象者が「社内にいた時間」と「社外で業務をした時間」とを合計した時間を「健康管理時間」という。高度専門職制度に特有の用語である。

　労働基準法は、適用対象者について、健康管理時間の把握を義務付けている。

　「社内にいた時間」は、タイムカードによって把握し、「社外で業務をした時間」は、本人の申告によって把握するのが適切である。

　このため、適用対象者に対して、社外で業務をしたときは、その都度、次の事項を正確に会社に報告することを求める。

・日にちと時間
・業務の内容

様式3　社外業務報告

	○○年○○月○○日
所属長殿	
	○○部○○課
	○○○○印
社外業務報告	

月日	○○月○○日（　）
時間	○時○分〜○時○分
業務内容	
備考	

以上

(5) 健康管理時間の記録と保管

会社は、適用対象者について、健康管理時間を記録に留め、これを一定期間保存しておく。

様式4　健康管理時間記録表
○　例1（月間の記録）

健康管理時間記録表（○○年○○月）

所属・氏名	○○部○○課　○○○○

日	曜日	出社時刻	退社時刻	社内にいた時間数	社外業務時間数	年休等	備考
1							
2							
3							
4							
5							
6							
7							
8							
9							
10							
11							
12							
13							
14							
15							
16							
17							
18							

19								
20								
21								
22								
23								
24								
25								
26								
27								
28								
29								
30								
31								
計	**	**	**			**	**	

以上

○ 例2（年間の記録）

健康管理時間の記録
（○○年）

氏名	○○○○			○○○○			○○○○		
	社内在席時間	社外業務時間	計	社内在席時間	社外業務時間	計	社内在席時間	社外業務時間	計
1月									
2									
3									
4									
5									

6							
7							
8							
9							
10							
11							
12							
計							

以上

(6) 休日

休日については、週休2日制が広く普及している。

週休2日制の会社の場合、休日は、一般の社員と同じとするのが現実的である。

(7) 休息時間の確保

周知のように、労働基準法は、「労働時間が6時間を超えるときは、少なくとも45分、労働時間が8時間を超えるときは、少なくとも1時間の休憩を労働時間の途中に与えなければならない」（第34条）と定めている。この休憩の定めは、高度専門職には、適用されない。

高度専門職制度の場合、一般労働者の「休憩時間」に相当するのは「休息時間」である。

対象社員に対し、業務をするときは、適宜、休息時間をとるように求める。

(8) 休日等の業務の取り扱い

会社は、適用対象者の健康を確保する義務を負っている。休日や深夜の業務が多いと、健康を損なう可能性が大きくなる。

適用対象者の健康を確保するため、「休日および深夜（午後10～午前5時）には業務をしないように努めなければならない」と定めるとともに、休日または深夜に業務をするときは、あらかじめ次の事項を届け出なければならないものとする。
　・日にち、時間
　・業務の内容

様式5　休日・深夜業務届

```
                                          ○○年○○月○○日
  所属長殿
                                             ○○部○○課
                                             ○○○○印
                    休日・深夜業務届
                  （□休日業務　□深夜業務）

  | 月日       | ○○月○○日（　）    |
  | 予定時間   | ○時○分～○時○分    |
  | 業務内容   |                      |
  | 備考       |                      |

                                                     以上
```

(9) 医師による面接指導

労働安全衛生法は、
・会社は、1ヶ月の健康管理時間が一定以上に達した者（週40を超える時間の合計が1ヶ月100時間に達した者）について、医師による面接指導を行わなければならない
・適用対象者は、医師による面接指導を受けなければならない

・会社は、面接指導の結果を記録しておかなければならない
・会社は、医師から、健康管理時間の短縮その他の措置の実施を指導されたときは、必要な措置を講じなければならない

と定めている。

様式6　面接指導の結果の記録

1　対象社員の氏名等	
氏名・所属	○○部○○課　○○○○
業務の内容	研究開発

2　医師の面接指導等	
1　面接指導に至る経緯（1ヶ月の健康管理時間数)	
2　医師の氏名	
3　面接指導の月日	
4　医師の所見	
6　健康確保の措置の必要性・内容等についての医師の意見	
7　その他	

以上

(10) 同意撤回の手続き

　対象社員は、いつでも同意を撤回できるものとする。同意を撤回するときは、本人が記名捺印した書面を提出させる。

　同意を撤回したときは、通常の専門職に戻るわけであるから、労働基準法で定める労働時間、休憩、休日および深夜業の割増賃金の規定を適用する。

様式7　同意撤回届

```
                                    ○○年○○月○○日
取締役社長○○○○殿
                                         ○○部○○課
                                         ○○○○印

                   同意撤回届
高度専門職制度に係る同意を撤回します。
                                                以上
```

(11) 苦情の申出

　労働基準法は、会社に対し、適用対象者からの苦情を処理することを定めている。

　苦情処理については、次の点を明確にしておく。

① 　適用対象者は、高度専門職制度に係る苦情を人事部長に申し出ることができること
② 　申出は、口頭、メール、電話、ファックス、文書その他、その方法は問わないものとすること
③ 　会社は、苦情を申し出た者の氏名および苦情の内容について、秘密を保持すること

(12) 不利益な取り扱い

　次に掲げる者について、不利益な取り扱いをしないことを定める。
・高度専門職制度の適用に同意しなかった者
・高度専門職制度の適用の中止を申し出た者
・高度専門職制度に係る苦情を申し出た者

(13) 守秘義務

　高度専門職は、その職務を遂行する上で、会社のさまざまな営業上の秘密に接する。

　例えば、研究開発職の場合には、「どのようなテーマについて研究しているか」という、自己の職務内容それ自体が企業機密に当たることもあり得る。

図表5　不利益な取り扱い

①　解雇
②　降格
③　不利益な配置転換
④　自宅待機の命令
⑤　減給
⑥　賞与の不支給
⑦　就業環境を害すること
⑧　正社員から非正社員への変更
⑨　その他

　営業上の秘密が社外に漏えいすると、当然のことながら、経営に著しい支障が生じる。「競争上の優位性」が失われる。

　このため、「適用対象者は、職務を通じて知り得た会社の営業上の秘密を、在職中はもとより退職後においても、他に漏らしてはならない」と定める。

(14) 競業の禁止

　高度専門職が中途退職してライバル会社に再就職すると、
・営業機密が流出する
・経営上のノウハウが利用される
・重要な取引先を奪われる
などの問題が生じる。

　このため、「適用対象者は、退職後一定期間は、会社の許可を得る

ことなく、会社と競業する他社に再就職し、または事業を興してはならない」と定める。

　高度専門職の競業禁止は、会社にとってきわめて重要なリスクマネジメントである。

(15) 退職時の誓約書の提出

　高度専門職の退職に当たって、
- 在職中に職務を通じて知り得た会社の営業上の秘密を他に漏らさない
- 退職後1年間は、会社の許可を得ることなく、会社と競業する他社に再就職し、または事業を興さない

ことを誓約する書面の提出を求める。

様式8　退職時の誓約書

```
                                              ○○年○○月○○日
取締役社長○○○○殿
                                                  ○○部○○課
                                                    ○○○○印

                         誓約書
このたび退職に当たり、次のとおり誓約いたします。
 1　在職中に職務を通じて知り得た会社の営業上の秘密を他に漏らさないこと
 2　退職後1年間は、会社の許可を得ることなく、会社と競業する他社に再就職し、または事業を興さないこと
                                                        以上
```

4 高度専門職規程の作成と規程例

(1) 規程に盛り込むべき事項

会社は、高度専門職制度の取り扱いを「社内規程」として取りまとめておくことが望ましい。

規程に盛り込むべき事項は、図表6に示すとおりである。

なお、規程において高度専門職の処遇のすべてを明記するのは実務的に難しい。このため、「この規程に定めのない事項は、労働基準法その他の労働法令、労使委員会の決議または社員就業規則の定めるところによる」という条項を入れておく。

図表6　規程に盛り込むべき事項

- 適用対象者の範囲
- 高度専門職の職務専念義務
- 高度専門職の服務心得
- 高度専門職の守秘義務
- 高度専門職には、労働基準法の労働時間等の規定は適用しない旨
- 健康管理時間の把握の方法
- 休日
- 休息時間の確保
- 休日等に業務をするときの手続き
- 医師による面接指導の基準
- 苦情の申出
- 同意撤回の手続き
- 競業の禁止
- その他

(2) 高度専門職規程の例

高度専門職規程の例を示すと、以下のとおりである。

高度専門職規程
第1章　総則

（総則）
第1条　この規程は、高度専門職制度について定める。

（法令等との関係）
第2条　高度専門職制度について、この規程に定めのない事項は、次による。
　　（1）労働基準法その他の法令
　　（2）高度専門職制度についての労使委員会の決議
　　（3）社員就業規則

（適用業務）
第3条　高度専門職制度の対象業務は、高度の知識等を必要とする次の業務とする。
　　（1）○○の業務
　　（2）○○の業務

（適用対象者の範囲）
第4条　対象者は、次のいずれにも該当する者とする。
　　（1）対象業務に従事する者
　　（2）高度専門職制度の適用に書面で同意した者
　　（3）年収が厚生労働省令で定める額以上であることが見込まれること

（労働基準法の規定の不適用）
第5条　適用対象者には、労働基準法の次の規定は適用しない。
　　（1）労働時間
　　（2）休憩
　　（3）休日労働の割増賃金
　　（4）深夜業の割増賃金

第2章　服務規律

（職務専念義務）

第6条　適用対象者は、高度専門職であることを自覚し、職務に専念しなければならない。

（業務報告等）

第7条　適用対象者は、次の事項に留意しなければならない。
  （1）業務の進捗状況を会社に適宜適切に報告すること
  （2）上司、同僚および補助スタッフ等とよく協力協調して業務を遂行すること
  （3）職務権限を業務のために適切に行使すること
  （4）専門的知識等の向上に努めること

（守秘義務）

第8条　適用対象者は、職務を通じて知り得た会社の営業上の秘密を、在職中はもとより退職後においても、他に漏らしてはならない。

第3章　健康管理措置等

（健康管理時間の把握）

第9条　会社は、適用対象者について、健康管理時間（「社内にいた時間」と「社外で業務をした時間」との合計時間）を把握する。

2　「社内にいた時間」は、タイムカードによって把握する。

3　「社外で業務をした時間」は、本人の申告によって把握する。

4　適用対象者は、社外で業務をしたときは、その都度、次の事項を正確に会社に報告しなければならない。
  （1）日にちと時間（開始時刻・終了時刻）
  （2）業務の内容

（健康管理時間の記録と保存）

第10条　会社は、適用対象者について、健康管理時間を記録に留め、これを一定期間保存しておく。

（休日）

第11条　休日は、次のとおりとする。

　　（1）土曜、日曜

　　（2）国民の祝日

　　（3）年末年始（12月28日～1月3日）

（休息時間の確保）

第12条　対象社員は、業務をするときは、適宜、休息時間をとるようにしなければならない。

（休日等の業務）

第13条　適用対象者は、健康を確保するため、休日および深夜（午後10時～午前5時）には業務をしないように努めなければならない。

2　休日または深夜に業務をするときは、あらかじめ次の事項を届け出なければならない。

　　（1）日にち、時間

　　（2）業務の内容

（医師による面接指導）

第14条　会社は、健康管理時間が週40時間を超える時間の合計が1ヶ月100時間に達した適用対象者について、医師による面接指導を行う。

2　適用対象者は、医師による面接指導を受けなければならない。

3　会社は、医師から、健康管理時間の短縮その他の措置の実施を指導されたときは、必要な措置を講じる。

第4章　苦情の申出・同意の撤回

（苦情の申出）

第15条　適用対象者は、高度専門職制度に係る苦情を人事部長に申し出ることができる。

2　申出は、口頭、メール、電話、ファックス、文書その他、その方法は問わないものとする。

3　会社は、苦情を申し出た者の氏名および苦情の内容について、秘密を保持する。

（同意撤回の申出）

第16条　適用対象者は、高度専門職制度に係る同意の撤回を申し出ることができる。

2　同意撤回の申出があったときは、適用を中止する。

（不利益な取り扱い）

第17条　会社は、高度専門職制度の適用に同意しなかった者および同意の撤回を申し出た者について、そのことを理由として、解雇その他の不利益な取り扱いをしない。

2　会社は、高度専門職制度に係る苦情を申し出た者について、申し出たことを理由として、不利益な取り扱いをしない。

（適用の中止）

第18条　適用対象者が次のいずれかに該当したときは、適用を中止する。

（1）年収が厚生労働省令で定める額を下回ることが見込まれるとき

（2）対象業務以外の業務へ異動したとき

第5章　給与

（給与）

第19条　適用対象者の給与については、別に定める。

第6章　退職

（自己都合退職の手続き）

第20条　適用対象者は、自己の都合で退職しようとするときは、原則として退職予定日の1ヶ月前、少なくとも2週間前までに退職届を提出しなければならない。

2　退職届を提出した者は、退職日まで誠実に業務を遂行しなければ

ならない。

（競業の禁止）

第21条　適用対象者は、退職後1年間は、会社の許可を得ることなく、会社と競業する他社に再就職し、または事業を興してはならない。

（付則）

この規程は、○○年○○月○○日から施行する。

5　高度専門職の給与

(1) 給与制度の明確化

　給与は、きわめて重要な労働条件である。したがって、高度専門職に任命される者は、誰もが給与の決め方に関心を持っている。「給与は、どのような基準で決定されるのであろうか」「専門職にふさわしい給与が支払われるのであろうか」と考えている。

　会社は、高度専門職の活性化と勤労意欲の向上に努める必要がある。そのような観点からすると、給与の決定基準・取扱基準を明確にし、その内容を、高度専門職全員に周知することが望ましい。

図表7　給与の取り扱い（例）

1	給与の形態	月給制
2	給与の構成	基本給＋職務関連手当（役付手当、専門職手当）
3	基本給の決定基準	次の事項を公正に評価して決定する。 ①　職務への姿勢（積極性・責任性等） ②　専門的知識、技術のレベル ③　問題解決力 ④　行動力 ⑤　業務上の成果（会社業績への貢献度） ⑥　その他
4	家族手当・住宅手当・地域手当等の生活補助手当	支給しない
5	通勤手当	実費を支給する
6	時間外労働手当・休日労働手当・深夜労働手当	支給しない
7	欠勤・遅刻・早退控除	控除しない
8	給与の支払い	毎月25日
9	基本給の更改	毎年4月に行う

(2) 給与の形態

給与の形態は、月給制または年俸制とする。

(3) 給与の構成

給与は、基本給と職務関連手当とをもって構成するのが合理的・現実的であろう。

専門職の中には、係長、課長、部長などの役職に就いている者もいる。それらの者は、専門職としての業務のほかに役職者としての業務も遂行する。したがって、役職手当を支給する。

専門職と役職者を兼任している者について、「役職者としての業務も勘案して基本給を決定する」という取り扱いも考えられるが、実務的には少し無理がある。

専門職手当は、図表8に示す目的で支給されるものである。

図表8　専門職手当の支給目的

・専門職としての職務遂行に対する報酬
・時間外手当、休日手当が支給されないことに対する代償
・自己啓発のための書籍等の購入費の補てん

(4) 基本給の決定基準

基本給は、次の事項を公正に評価して決定する。

① 職務への姿勢（積極性・責任性等）
② 専門的知識、技術のレベル
③ 問題解決力
④ 行動力
⑤ 業務上の成果（会社業績への貢献度）
⑥ その他

図表9　評価項目の着眼点

評価項目	着眼点
仕事への積極性	・仕事に積極的・意欲的に取り組んだか ・仕事の効率化、知識の拡大、技術の向上に努めたか
仕事への責任性	・仕事を最後までやり終えたか ・仕事に対する責任感・使命感があるか
専門的知識・技術のレベル	・専門的知識、技術のレベルはどうか
問題解決力	・仕事上、問題やトラブルが生じたときに適切な解決策を講じられるか ・問題の解決に必要以上に時間を要することはないか
行動力	・やるべきことをすぐに実行しているか ・多少の障害や困難に直面しても、それを克服しているか
仕事の成果（会社業績への貢献度）	・能力、経験年数、地位にふさわしい仕事をしたか ・仕事の成果は、会社の期待に応えるものであったか ・業務目標を完全に達成することができたか ・会社の業績に貢献できたか

(5) 基本給の更改

ほとんどの会社は、4月に昇給を行っている。高度専門職の場合も、基本給は、毎年4月に更改する。

様式9　給与更改についての承認願い

　　　　　　　　　　　　　　　　　　　　　　　　○○年○○月○○日
取締役社長殿

　　　　　　　　　　　　　　　　　　　　　　　　　　　　人事部長

　　　　　　高度専門職の給与の更改について（伺い）

所属	氏名	現在の給与	更改後の給与	増減	備考

　　　　　　　　　　　　　　　　　　　　　　　　　　　　　　以上

様式10　給与改定通知書

　　　　　　　　　　　　　　　　　　　　　　　　○○年○○月○○日
○○部○○課
○○○○殿

　　　　　　　　　　　　　　　　　　　　　　取締役社長○○○○印

　　　　　　　　　　　　給与改定通知書

次のとおり、給与を改定します。

改定後の給与	月額○○万円
適用開始	○○年4月分以降

　　　　　　　　　　　　　　　　　　　　　　　　　　　　　　以上

(9) 通勤手当

公共交通機関を利用して通勤する者に対し、非課税限度額の範囲において、通勤手当を支給する。

(10) 時間外勤務手当等の取り扱い

高度専門職に対しては、時間外勤務手当、休日勤務手当および深夜勤務手当を支払わないことを明確にしておく。

図表10　時間外勤務手当等の取り扱い

	手当の支給要件	高度専門職の取り扱い
時間外勤務手当	法定労働時間（週40時間・1日8時間）を超えて勤務させたときに支払う手当	支払わない（支払うべき義務はない）
休日勤務手当	法定休日（週に1日の休日）に勤務させたときに支払う手当	同上
深夜勤務手当	深夜（午後10～午前5時）に勤務させたときに支払う手当	同上

(12) 欠勤等の控除

高度専門職については、次の控除は行わない。
・欠勤控除
・遅刻・早退控除

(13) 賞与

大半の会社は、夏季と年末の年2回、社員に賞与（一時金）を支給している。社員に賞与を支給している会社は、高度専門職にも支給する。

様式11　賞与の支給についての承認願い

　　　　　　　　　　　　　　　　　　　　　　　○○年○○月○○日
取締役社長殿
　　　　　　　　　　　　　　　　　　　　　　　　　　　人事部長

　　　　　　　　高度専門職の賞与について（伺い）
　　　　　　　　（□夏季賞与　□年末賞与）

所属	氏名	支給額	前年同期支給額	増減	備考

　　　　　　　　　　　　　　　　　　　　　　　　　　　　　以上

様式12　賞与支給通知書

　　　　　　　　　　　　　　　　　　　　　　　○○年○○月○○日
○○部○○課
○○○○殿
　　　　　　　　　　　　　　　　　　　　取締役社長○○○○印

　　　　　　　　　　　賞与支給通知書
次のとおり、賞与を支給します。

支給額	
支給日	○○年○○月○○日

　　　　　　　　　　　　　　　　　　　　　　　　　　　　　以上

(14) 人事考課表

　高度専門職について、給与更改、賞与のための人事考課表を示すと、次のとおりである（研究開発職の場合）。

　　給与更改のための人事考課表（100点満点方式のもの）　➡ 様式13
　　賞与支給のための人事考課表（100点満点方式のもの）　➡ 様式14

様式13　高度専門職の給与更改の人事考課表（100点満点方式）

人事考課表（研究開発職）	
被考課者	○○部○○課　（氏名）○○○○
考課対象期間	○○年○○月○○日～○○年○○月○○日

〜考課対象期間中の勤務態度、職務遂行能力および勤務成績を次の5段階で公正に評価して下さい〜

　　　　　　　　　（評価区分）
　　　　　　S＝きわめて優れていた
　　　　　　A＝優れていた
　　　　　　B＝普通
　　　　　　C＝やや劣っていた
　　　　　　D＝劣っていた

考課項目	着眼点	考課
1　勤務態度		
積極性	・与えられた研究テーマに前向きの姿勢で取り組んだか ・研究活動の進め方の改善・改良と効率化に積極的に取り組んだか	S　A　B　C　D ├──┼──┼──┼──┤ 5　4　3　2　1

計画性	・あらかじめ手段、方法および時間配分をよく考えて、研究活動を進めたか ・あらかじめ合理的な計画を立てて研究活動を進めたか ・当初の計画を安易に変更することはなかったか	S 5	A 4	B 3	C 2	D 1
責任性	・研究目標の達成に対する責任感があったか ・日ごろから高度専門職としての責任感・使命感があるか ・研究活動に伴う困難や障害を克服しようとする意欲が感じられたか	S 5	A 4	B 3	C 2	D 1
2　職務遂行能力						
専門知識・技術	・専門分野の知識・技術のレベルは、どの程度か ・専門分野について、最新の知識・技術の吸収・習得に努めているか	S 20	A 16	B 12	C 8	D 4
創意工夫力	・研究の進め方（手段・方法の選択、手順の決定等）について、一般論や通念にとらわれることなく、自分なりに創意工夫を図っているか ・研究の進め方（手段・方法の選択、手順の決定等）がマンネリ化していないか	S 10	A 8	B 6	C 4	D 2

研究トラブル解決力	・研究の過程で問題やトラブルが生じたときは、その問題の内容や緊急性に応じて、適切に対応できるか ・問題やトラブルの解決について、必要に応じて、上司・同僚にアドバイスを求めているか ・問題やトラブルが生じたときは、必ずその原因を究明し、再発の防止を図っているか	S　A　B　C　D ├─┼─┼─┼─┤ 5　4　3　2　1	
3　勤務成績			
研究活動の成果	・研究活動の成果は、能力や経験年数にふさわしいものであったか ・経営に貢献する研究成果を収めることができたか ・当初の研究目標をどの程度達成することができたか ・研究成果を高めるための努力と創意工夫の程度はどうであったか	S　A　B　C　D ├─┼─┼─┼─┤ 50　40　30　20　10	
	合計点（100点満点）		点

考課者氏名	
考課者所見	

以上

様式14　高度専門職の賞与の人事考課表（100点満点方式）

人事考課表（研究開発職）

被考課者	○○部○○課　（氏名）○○○○
考課対象期間	○○年○○月○○日～○○年○○月○○日

～考課対象期間中の勤務態度および勤務成績を次の５段階で公正に評価して下さい～

　　　　　　　　（評価区分）
　　　　　　S＝きわめて優れていた
　　　　　　A＝優れていた
　　　　　　B＝普通
　　　　　　C＝やや劣っていた
　　　　　　D＝劣っていた

考課項目	着眼点	考課
1　勤務態度		
積極性	・与えられた研究テーマに前向きの姿勢で取り組んだか ・研究活動の進め方の改善・改良と効率化に積極的に取り組んだか	S　A　B　C　D 10　8　6　4　2
計画性	・あらかじめ手段、方法および時間配分をよく考えて、研究活動を進めたか ・あらかじめ合理的な計画を立てて研究活動を進めたか ・当初の計画を安易に変更することはなかったか	S　A　B　C　D 10　8　6　4　2

責任性	・研究目標の達成に対する責任感があったか ・日ごろから高度専門職としての責任感・使命感があるか ・研究活動に伴う困難や障害を克服しようとする意欲が感じられたか	S　A　B　C　D 10　8　6　4　2
2　勤務成績		
研究活動の成果	・研究活動の成果は、能力や経験年数にふさわしいものであったか ・経営に貢献する研究成果を収めることができたか ・当初の研究目標をどの程度達成することができたか ・研究成果を高めるための努力と創意工夫の程度はどうであったか	S　A　B　C　D 70　56　42　28　14
	合計点（100点満点）	点

考課者氏名	
考課者所見	

以上

6　高度専門職給与規程

　高度専門職にとって、給与は、きわめて重要な関心事項である。このため、給与の取り扱いを「規程」として明確にしておくことが望ましい。

(1) 高度専門職の給与規程例 (1)（月給制の場合）

高度専門職給与規程

（総則）
第1条　この規程は、高度専門職の給与について定める。
2　給与についてこの規程に定めのない事項は、次による。
　　（1）労働基準法の定め
　　（2）社員給与規程
（給与の形態）
第2条　給与は、月額をもって定める。
（給与の構成）
第3条　給与は、基本給と諸手当をもって構成する。
2　諸手当は、次のとおりとする。
　　（1）通勤手当
　　（2）役職手当
（基本給の決定基準）
第4条　基本給は、次の事項を公正に評価して決定する。
　　（1）勤務態度
　　（2）専門的知識、技術のレベル
　　（3）行動力、問題解決力等
　　（4）業務上の成果（会社業績への貢献度）

（基本給の更改）

第5条　基本給は、毎年4月に更改する。

（時間外勤務手当等の取り扱い）

第6条　次のものは支払わない。

　　（1）時間外勤務手当

　　（2）休日勤務手当

　　（3）深夜勤務手当

（欠勤等の控除）

第7条　次の控除は行わない。

　　（1）欠勤控除

　　（2）遅刻・早退控除

（賞与）

第8条　業績により、夏季および年末に賞与を支給する。

（付則）

この規程は、○○年○○月○○日から施行する。

(2) 高度専門職の給与規程例（2）（年俸制の場合）

高度専門職給与規程

（総則）

第1条　この規程は、高度専門職の給与について定める。

（給与の形態）

第2条　高度専門職の給与形態は、年を単位として決定する年俸制とする。

（給与の計算期間）

第3条　給与の計算期間は、次のとおりとする。

　　（計算期間）4月1日～翌年3月31日

（給与の構成）

第4条　給与は、基本年俸と業績年俸とから構成する。

（基本年俸の決定基準）

第5条　基本年俸は、次の事項を総合的に勘案して決定する。

　　（1）担当する職務の内容（遂行の困難さ、責任の重大さ）

　　（2）専門的知識・技術のレベル

　　（3）職務の業績・成果

　　（4）会社の期待度

2　期の途中で職務の内容を変更したときは、基本年俸を変更することがある。ただし、この場合、原則として減額することはない。

（業績年俸の決定基準）

第6条　業績年俸は、前年度における業務目標の達成度および会社業績への貢献度を評価して決定する。

（時間外勤務手当等）

第7条　高度専門職に対しては、次に掲げる手当は支払わない。

　　（1）時間外勤務手当

　　（2）休日勤務手当

　　（3）深夜勤務手当

（欠勤等の控除）

第8条　高度専門職については、次の控除は行わない。

　　（1）欠勤控除

　　（2）遅刻・早退控除

（支払）

第9条　給与の支払は次による。

　　（1）基本年俸　　　12等分し、毎月25日に1等分ずつ支払う。

　　（2）業績年俸　　　2等分し、6月と12月に1等分ずつ支払う。

（社会保険料・税の控除）

第10条　給与の支払にあたり、次のものを控除する。

　　（1）社会保険料

　　（2）所得税、住民税

（支払方法）

第11条　給与は、本人が申し出た銀行口座へ振り込むことによって支払う。

（給与の改定）

第12条　給与は、毎年4月1日に改定する。

2　基本年俸が減額となる場合、その減額幅は前年度に比べ20％を超えないものとする。

（休職時の取り扱い）

第13条　業務上の負傷または私傷病によって休職するときは、その期間中、給与は支払わない。

（通勤手当）

第14条　公共交通機関を利用して通勤する者に対しては、給与とは別に定期券代の実費を支給する。ただし、非課税限度額をもって支給限度とする。

（退職者の取り扱い）

第15条　計算期間の途中で退職した者に対しては、残余の給与は支払わない。

2　退職日が月の途中であるときは、次に掲げる額を退職日に支払う。

　　支払額＝基本年俸の日額×1日から退職日までの勤務日数

3　前項において、基本年俸の日額は、次の算式で算出する。

　　基本年俸の日額＝基本年俸／当年度の所定勤務日数

（付則）

この規程は、〇〇年〇〇月〇〇日から施行する。

様式15　年俸通知書

○○年４月１日

○○部○○課

○○○○殿

取締役社長

○○年度の年俸通知書

基本年俸	
業績年俸	
計	
計算期間	○○年４月１日～○○年３月31日

以上

(注)　1　基本年俸は12等分し、毎月25日に１等分ずつ支払う。業績年俸は２等分し、６月と12月に１等分ずつ支払う。
　　　2　支払いにあたり、社会保険料および所得税・住民税を控除する。
　　　3　支払方法は口座振込とする。

7　高度専門職の成果管理

(1) 高度専門職制度の運用ポイント

　高度専門職制は、「成果」を中心軸とする人事制度である。
　会社は、高度の専門知識・技術を活用して高い成果を上げた社員に対して、高い給与を支払うべき義務を負う。その代わりに、時間外労働手当・休日労働手当・深夜労働手当を支払うべき義務を免れる。
　このため、高度専門職制度においては、社員一人ひとりについて、「期待する成果」（達成すべき業務目標）を明確にすることが重要である。
　仕事上の成果について、会社側と専門職との間において合意が形成されていないと、会社側には、「高い給与を支払っているのに、会社の期待に応える成果を上げてくれない」という不満が生まれる。一方、専門職の方には、「専門知識を活用して高い成果を上げているのに、会社はあまり評価してくれない」という不満が生じる。
　高度専門職制度の効果を上げるためには、社員一人ひとりについて、
　・専門的知識、技術のレベル
　・業務経験年数
　・これまでの業務上の実績
　・給与の額
などを踏まえて、「期待する成果」「達成すべき業務目標」を明確にすることが必要である。

(2) 成果管理の手順

①　部門の業務目標の設定

　はじめに、高度専門職が所属する部門の役職者が、部門の「年間業

務目標」を具体的に作成する。

例えば、高度専門職が「研究開発部」に所属するのであれば、研究開発部の「年間業務目標」を策定する。

当然のことではあるが、部門の業務目標は、会社全体の経営計画を踏まえたものでなければならない。

② 目標の設定基準

社員に対し、次の事項を十分に踏まえて業務目標を設定するよう求める。
- ・所属部門の業務計画および業務運営方針
- ・専門的知識・技術のレベル
- ・職場における自己の地位、役割
- ・職務経験年数
- ・前年同期または前年の職務実績

③ 目標設定面談の実施

業務目標は、本人と所属長との合意のもとに作成されることが望ましい。高度専門職本人の個人的な目標であっては、意味がない。

社員は、目標を設定したときは、所属長と面談し、目標の内容およびその達成のための手段・方法等について話し合う。

所属長は、
- ・目標の内容（部門の業務計画に沿ったものか、本人の能力にふさわしいものであるか、実現可能性はどうか、その他）
- ・目標達成のための手段・方法は、妥当か

などをチェックして、承認を与える。

④ 目標達成へのチャレンジ

社員は、目標が所属長によって承認されたときは、その完全達成に向けて積極的・計画的に取り組まなければならないものとする。

また、社員は、目標達成の進捗状況を所属長に適宜適切に報告しなければならないものとする。

⑤ **達成評価面談の実施**

社員は、目標設定期間が経過したときは、所属長と次の事項について話し合わなければならない。
- 目標の達成度
- 目標を達成できたときは、その要因（達成できなかったときは、その要因）
- 次期の課題
- その他必要事項

⑥ **処遇への反映**

会社は、社員一人ひとりについて次の事項を公正に評価し、昇給、賞与および昇進等の処遇に適切に反映させる。
- 目標の達成度
- 目標達成への取り組み姿勢

(3) 成果目標管理シートの例

成果目標管理において使用する管理シートの例を示すと、次のとおりである。

様式16　高度専門職の成果目標管理シート
○　例1

所属長殿

〇〇〇〇印

目標管理シート（〇〇年度）

1　今年度の業務目標

1　テーマ （何を）	2　達成基準 （どこまで）	3　方法・手段 （どのようにして）	備考
1			
2			
3			
4			

（注）①　業務目標は、所属部門の業務目標・業務計画を十分踏まえて、具体的に記載すること
　　　②　所属長に提出し、その承認を得ること

2　目標達成度の自己評価

1　テーマ	2　達成状況	3　達成・未達成の要因	備考
1			
2			
3			
4			

（注）①　目標期間終了後に記載すること
　　　②　所属長に提出し、面談を行うこと

3　面談月日

目標設定面談	達成評価面談
〇〇月〇〇日	〇〇月〇〇日

4　所属長所見

以上

○　例2

所属長殿

○○○○印

目標管理シート（○○年度）

テーマ1　○○○○○

目標の内容	目標達成のための 手段・方法等	備考

テーマ2　○○○○○

目標の内容	目標達成のための 手段・方法等	備考

テーマ3　○○○○○

目標の内容	目標達成のための 手段・方法等	備考

（注）①　部門の業務計画を踏まえて、目標を設定すること。
　　　②　目標の達成に積極的・計画的に取り組むこと。

面談月日

目標設定面談	達成評価面談
○○月○○日	○○月○○日

以上

○　例3

所属長殿

　　　　　　　　　　　　　　　　　　　　　　○○○○印

業績・成果目標管理表
（○○年度）

1　担当業務

2　業績・成果の目標

1　タイトル	1	2	3
2　目標の内容			
3　目標達成の手段・方法			
4　達成の時期			
備考			

3　業績・成果の自己評価（期末に記入）

1　タイトル	1	2	3
2　目標達成度の自己評価	A・B・C・D	A・B・C・D	A・B・C・D
3　目標達成・未達成の要因			
備考			

（注）達成状況の自己評価の評語は、つぎのとおり。A＝完全に達成　B＝ほぼ達成　C＝目標に届かず　D＝目標に大きく届かず

4　反省・課題（期末に記入）

以上

8　高度専門職制度のメリットと問題点

　高度専門職制度は、会社にとって、
　・専門職について、成果主義の人事管理・給与管理を行える
　・労働時間の把握・管理の必要がなくなる
　・時間外労働手当を支払う必要がない
などのメリットがある。
　しかし、その反面、問題点もある。
　問題点の一つは、専門職の人事・給与管理が複雑化することである。
　高度専門職制度を導入したときに、「高度の専門的知識を必要とする専門的な業務」に従事する者が全員高収入で、しかも全員が制度の適用に同意してくれれば好都合であるが、同意しない者が出る可能性もある。このため、専門職は、
　・労働基準法の高度専門職制度が適用される専門職
　・それ以外の専門職（高度専門職制度の適用に同意しない者、および年収が厚生労働省令に定める額未満の者）
とに分かれる。したがって、専門職の人事・給与管理が面倒になる。
　また、健康管理時間に一定の制度的な歯止めを掛けないと、「成果を上げなければ…」「成果を上げたい」という思いから、高度専門職の労働時間が長くなり、心身の健康を損なう可能性もある。
　高度専門職制度の導入に当たっては、制度のメリットと問題点とを十分にチェックすることが望ましい。

図表11　高度専門職制度のメリットと問題点

メリット	問題点
○高度専門職について、成果主義の人事管理・給与管理を行える ○高度専門職については、労働基準法の労働時間の規定が適用されないため、労働時間の把握・管理の必要がなくなる ○高度専門職については、時間外労働手当を支払う必要がない	●対象業務が限られている ●導入の要件が厳しい（対象者の年収制限、本人の同意の取り付け、労使委員会の決議、その他） ●健康管理時間について一定の制度的な歯止めを掛けないと、長時間労働を発生させる可能性がある。 ●導入後も、対象労働者の健康管理状況その他を労働基準監督署に定期的に報告しなければならない

第6章

勤務間インターバル制度

1 労働時間等の設定の改善に関する特別措置法の改正

(1) 勤務間インターバル制度とは

午後9時、10時まで残業し、翌日定刻に出勤し、通常通り仕事をするのは大変過酷なことである。疲労が蓄積し、能率も良くない。ストレスも貯まる。

心身の健康の維持のためには、仕事の終了時刻と翌日の開始時刻との間に、一定の時間を置く必要がある。夜遅くまで残業したときは、翌日は遅めに出勤することを認めるのが望ましい。

夜遅くまで残業したときは、翌日の出勤時刻を遅らせる制度を「勤務時間インターバル制度」という。

勤務間インターバル制度は、労働者の健康を確保するための有効な制度といえる。

(2) 勤務間インターバル制度の努力義務化

働き方改革関連法において、労働時間等の設定の改善に関する特別措置法が改正され、「事業主は、その雇用する労働者の健康と福祉を

確保するためにに必要な終業から始業までの時間の設定の措置を講ずるように努めなければならない」（第2条）という条項が設けられた。

勤務間インターバル制度は、努力義務である。実施すべき義務は、課されていない。しかし、「時間外労働に伴う心身の疲労を回復し、働く者の健康を確保できる」というメリットがある。このため、導入・実施するように努めることが望ましい。

図表1　労働時間の設定等の改善法で、事業主の努力義務とされている制度

①　業務の繁閑に応じた始業・終業時刻の設定
②　勤務間インターバル制度
③　年次有給休暇を取りやすい環境の整備

(3) 施行日

勤務間インターバル制度の努力義務化は、2019年4月1日から施行される。

2 勤務間インターバル制度の設計

(1) 適用対象者の範囲

制度の適用対象者については、
・すべての社員に適用する
・特定の職種、部門に適用する
の2つが考えられる。

この制度は、残業による疲労の蓄積を防ぐためのものであるから、すべての社員に適用することが望ましい。

(2) インターバルの時間数

「社員は、時間外勤務が午後○時以降に及んだときは、退社時刻と翌日の出社時刻との間に○時間前後のインターバルを置くようにしなければならない」という形で、インターバルの内容を定める。

大都市の場合、一般に通勤時間が長い。東京、大阪、名古屋では、通勤時間が1時間を超える者が少なくない。中には、マイホームを郊外に求めたために、「通勤に2時間以上かかる」という者もいる。

残業後の帰宅時間、睡眠時間および翌日の通勤時間などを考慮すると、インターバル時間数は、12時間程度が妥当であろう。

図表2　翌日の出勤時刻（インターバル12時間の場合）

夜9時まで残業をしたとき ➡ 翌日午前9時に出勤 夜10時まで残業をしたとき ➡ 翌日午前10時に出勤 夜11時まで残業をしたとき ➡ 翌日午前11時に出勤

(3) 制度の実施期間

勤務間インターバル制度については、

・1年を通じて実施する
・特定の時期を限って実施する
の2つが考えられる。

　この制度が社員の健康を確保する目的であることを考えると、1年を通じて実施することが望ましい。

(4) 利用回数の制限

　勤務間インターバル制度については、
・1ヶ月あるいは1年について、利用できる回数を決める（例えば、1ヶ月につき2回までとする）
・何回でも利用できる
の2つが考えられる。

　この制度が社員の健康を確保する目的であることを考えると、何回でも利用できることにするのが望ましい。

(5) 翌日の出社時刻の書き込み

　この制度を利用する者は、翌日遅く出社することになる。

　本人がいつ出社するかが分からないと、いろいろと問題が生じる。

　外部の取引先などから本人に電話がかかってきたときに、「まだ出社していません。何時に出社するかも分かりません」と答えるようでは、相手の信用を失う。

　このため、この制度を利用する者は、残業を終えて退社するときに、翌日の出社予定時刻を職場の黒板などに書き込むようにする。

(6) 翌日の遅刻・欠勤の取り扱い

　この制度を利用すると、翌日の出社時刻（始業時刻）が通常よりも、相当遅くなる。その遅くなる時間をどのように取り扱うかを定める。

　例えば、始業・午前9時、終業・午後6時の会社の場合、前日に午

後10時まで残業をした社員が、午前11時に出社し、午後6時に退社したとする。この場合、定刻の午前9時から11時までの2時間、不就業となる。

この不就業時間を、遅刻として取り扱い、その時間に相当する給与をカットすることにしたら、どういうことになるであろうか。

おそらく「不就業時間について給与をカットされるのであれば、無理をしても定刻に出社しよう」と考え、勤務間インターバル制度の利用をためらうであろう。

せっかく勤務間インターバル制度を実施しても、制度の利用者が出ないのでは、制度を実施する意味はない。また、社員の健康も確保されない。

このため、翌日の始業時刻が遅くなり、不就業時間が発生しても、その時間については、給与を控除しないことにするのが望ましい。

図表3　翌日の出社時刻が遅くなったときの取り扱い

○出社時刻が遅くなっても、遅刻としては取り扱わない。したがって、給与はカットしない
●出社時刻が遅くなったときは、その時間を遅刻扱いとし、不就業時間に相当する給与をカットする。 ・2時間遅くなったとき➡2時間分、給与をカットする ・3時間遅くなったとき➡3時間分、給与をカットする ・4時間遅くなったとき➡4時間分、給与をカットする

3 社員への通知

この制度を実施するときは、
・社内LAN、掲示、回覧などによって、社員に対してその内容を知らせる
・社内規程を作成して、制度の周知を図る
のいずれかの措置を講じる。
　社員への通知文書のモデルは、以下のとおりである。

様式1　勤務間インターバル制度についての通知

　　　　　　　　　　　　　　　　　　　　　○○年○○月○○日
社員の皆さんへ
　　　　　　　　　　　　　　　　　　　　　　　　　人事部長

　　　　勤務間インターバル制度の実施について（お知らせ）
　当社では、社員の健康を確保するための対策の一環として、次のとおり、勤務間インターバル制度を実施することとしました。
　　　　　　　　　　　　　　記
1　勤務間インターバル制度とは
　夜遅くまで残業をして、翌日定時に出社するのは、心身に大きな負担を与えます。健康のためには、残業の終了時刻と、翌日の出社時刻との間に、一定のインターバル（間隔）を置くことが必要です。
　心身の疲労の回復と健康の維持のために、残業の終了時刻と、翌日の出社時刻との間に、一定のインターバル（間隔）を置く制度を「勤務間インターバル制度」といいます。
　当社では、「残業が午後10時以降に及んだときは、退社時刻と翌日の出社時刻との間に12時間前後のインターバルを置くことが

できる」ものとします。

| 夜10時まで残業をしたとき ➡ 翌日午前10時に出勤
| 夜11時まで残業をしたとき ➡ 翌日午前11時に出勤

2　制度の利用対象者

　この制度は、残業に伴う心身の疲労の回復と健康の維持を図ることを目的としたものです。このため、すべての社員が利用できます。

3　実施期間

　この制度は、1年を通して実施します。

4　利用できる回数

　この制度は、残業に伴う心身の疲労の回復と健康の維持を図ることを目的としたものです。このため、一人何回でも、利用できます。

5　翌日の出社予定時刻の書き込み

　誰が何時に出社するかが分からないと、業務に支障が生じます。外部の関係者にも、迷惑を掛ける恐れがあります。

　このため、この制度を利用して翌日遅く出社するときは、残業を終えて退社するときに、職場の黒板に翌日の出社予定時刻を書き込むようにして下さい。

6　給与の取り扱い

　この制度を利用すると、翌日の出社時刻が遅くなり、不就業時間が生じます。

　例えば、夜11時まで残業をして、翌日午前11時に出社すると、定刻（午前9時）から出社時刻（午前11時）までの2時間が不就業時間となります。

会社は、この不就業時間を遅刻扱いとはしません。したがって、給与のカットは行いません。

7　実施開始日
　この制度は、○○年○○月○日から実施します。

以上

4　勤務間インターバル規程

勤務間インターバル制度を実施するときは、その取り扱い基準を「社内規程」として明文化することが望ましい。

規程を作成することにより、公正で、全社統一的な運用が確保される。

○規程例（1）標準的な規程

勤務間インターバル規程

（総則）
第1条　この規程は、勤務時インターバル制度について定める。
（適用対象者の範囲）
第2条　この規程は、すべての社員に適用する。
（インターバルの時間数）
第3条　社員は、時間外勤務が午後10時以降に及んだときは、退社時刻と翌日の出社時刻との間に12時間前後のインターバルを置くようにしなければならない。
2　この制度を利用して翌日遅く出社するときは、退社時に、翌日の出社予定時刻を職場の所定の黒板に書き込まなければならない。
3　社員は、午後10時以降に及ぶ時間外勤務が連続しないように努めなければならない。
（実施期間）
第4条　この制度は、1年を通して実施する。
（利用回数）
第5条　社員は、この制度を何回でも利用することができる。
（遅刻の取り扱い）
第6条　会社は、社員がこの制度を利用したために翌日の出社時刻が

始業時刻を経過した場合、始業時刻から出社時刻までの時間を遅刻扱いとはせず、給与の遅刻控除は行わない。
（制度の利用の奨励）
第7条　役職者は、部下の時間外勤務が長時間に及ばないように配慮するとともに、時間外勤務が午後10時以降に及んだときは、この制度を利用するように奨励しなければならない。
（付則）
この規程は、○○年○○月○○日から施行する。

○規程例（2）～他の時間外労働対策とともに、勤務間インターバル制度を実施する場合の規程

時間外労働健康対策規程

（総則）
第1条　この規程は、時間外労働対策について定める。
（適用対象者の範囲）
第2条　この規程は、すべての社員に適用する。
（時間外労働対策の実施）
第3条　会社は、時間外労働を行う者の健康を確保するため、次の措置を講じる。
　　（1）勤務間インターバル制度
　　（2）早退制度
　　（3）代休制度
（勤務間インターバル制度）
第4条　社員は、時間外労働が午後10時以降に及んだときは、退社時刻と翌日の出社時刻との間に12時間前後のインターバルを置くことができる。
2　この制度を利用して翌日遅く出社するときは、退社時に、翌日の出社予定時刻を職場の所定の黒板に書き込まなければならない。

3 この制度を利用したために翌日の出社時刻が始業時刻を経過した場合、始業時刻から出社時刻までの時間を遅刻扱いとはせず、給与の遅刻控除は行わない。
4 この制度は、何回でも利用することができる。
（早退制度）
第5条 社員は、時間外労働が午後10時以降におよび、かつ、翌日定刻（午前9時）に出社したときは、その日の午後は、いつでも早退することができる。
2 会社は、早退時間について、給与の早退控除は行わない。
3 この制度は、何回でも利用することができる。
（代休取得制度）
第6条 次のいずれかに該当する者は、代休を取得することができる。
　（1）1ヶ月の時間外労働が20時間を超えた者
　（2）休日に勤務した者
2 代休は、取得要件を満たしたのち、できる限り早期に取得するようにしなければならない。
（実施期間）
第7条 この規程に定める制度は、1年を通して実施する。
（制度の利用の奨励）
第8条 役職者は、部下の時間外労働が長時間に及ばないように配慮するとともに、時間外労働が午後10時以降に及んだときは、この制度を利用するように奨励しなければならない。
（社員の心得）
第9条 社員は、午後10時以降に及ぶ時間外労働が連続しないように努めなければならない。
2 時間外労働が午後10時以降に及んだときは、この規程に定める制度を利用するように努めなければならない。

(付則)
この規程は、○○年○○月○○日から施行する。

【著者紹介】

荻原　勝（おぎはら　まさる）
東京大学経済学部卒業。人材開発研究会代表。経営コンサルタント

〔著書〕

『人事考課制度の決め方・運用の仕方』、『人事諸規程のつくり方』、『実務に役立つ育児・介護規程のつくり方』、『人件費の決め方・運用の仕方』、『賞与の決め方・運用の仕方』、『諸手当の決め方・運用の仕方』、『多様化する給与制度実例集』、『給与・賞与・退職金規程』、『役員・執行役員の報酬・賞与・退職金』、『新卒・中途採用規程とつくり方』、『失敗しない！新卒採用実務マニュアル』、『節電対策規程とつくり方』、『法令違反防止の内部統制規程とつくり方』、『経営管理規程とつくり方』、『経営危機対策人事規程マニュアル』、『ビジネストラブル対策規程マニュアル』、『社内諸規程のつくり方』、『執行役員規程と作り方』、『執行役員制度の設計と運用』、『個人情報管理規程と作り方』、『役員報酬・賞与・退職慰労金』、『取締役・監査役・会計参与規程のつくり方』、『人事考課表・自己評価表とつくり方』、『出向・転籍・派遣規程とつくり方』、『IT時代の就業規則の作り方』、『福利厚生規程・様式とつくり方』、『すぐ使える育児・介護規程のつくり方』（以上、経営書院）など多数。

働き方改革関連法への実務対応と規程例

2018年10月29日　第1版第1刷発行

著　者　　荻　原　　勝
発行者　　平　　盛　之

㈱産労総合研究所
発行所　出版部　経営書院

〒112-0011　東京都文京区千石4-17-10
　　　　　　　産労文京ビル
電話　03-5319-3620
振替　00180-0-11361

無断転載はご遠慮ください
乱丁・落丁本はお取り替えします。　ISBN 978-4-86326-271-3 C2034

印刷・製本　藤原印刷株式会社